HISTOIRE

DU PAYS QUI A FORMÉ

LE

DÉPARTEMENT DE L'AISNE

Il est peu de régions qui présentent à l'historien une mine plus féconde que celle qui est occupée aujourd'hui par le département de l'Aisne. C'est sur ce territoire que se sont passés les événements les plus importants de l'histoire des deux premières races. La lutte entre la Neustrie et l'Austrasie, dont l'influence sur le développement de notre civilisation fut si considérable, eut pour principal théâtre le Soissonnais et c'est à Soissons même que fut consommée l'usurpation qui substituait la famille de Pépin aux descendants de Dagobert. C'est à Quierzy que fut consacrée par un acte législatif la lente révolution sociale qui, du cinquième au neuvième siècle, avait constitué le régime féodal. La ville de Laon devint le centre de la résistance que les derniers Carolingiens tentèrent contre les empiétements de la maison des ducs de France et ce fut encore de cette cité que partit le mouvement vraiment national qui aboutit à l'affranchissement des communes. Enfin, dès que l'unité française fut constituée, la position géographique du pays, qui en faisait un chemin naturel d'invasion pour les Espagnols et les Impériaux maîtres des Flandres, lui donna une grande importance sous le rapport des événements politiques et militaires.

C'est cette histoire dont nous allons résumer à grands traits les faits principaux.

I. La conquête romaine. — A l'époque de la Gaule indépendante, quatre tribus occupaient le territoire actuel du département, les *Rhemi* à l'est, les *Suessiones* au midi et au centre, les *Veromandui* au nord-ouest et les *Aduatici* au nord-est. Protégées contre les invasions germaines par les *Trévires* et les *Eburons*, séparées des Romains par les *Allobroges*, les *Séquanes* et les *Eduens*, ces tribus, comme toutes celles de la Belgique, vivaient dans un état d'indépendance absolue vis-à-vis les unes des autres. Indifférentes aux grandes luttes des *Séquanes*, des *Arvernes* et des *Eduens*, elles laissèrent les premiers appeler les Germains pour les protéger contre l'oppression des *Eduens* victorieux et ceux-ci demander des secours aux Romains lorsqu'ils furent à leur tour écrasés par les soldats d'Arioviste. L'arrivée de César n'émut pas tout d'abord nos ancêtres et il leur fallut voir le proconsul sur leur frontière pour qu'ils en prissent ombrage. Dans l'hiver de l'an 57 avant Jésus-Christ, il se forma une vaste coalition dans laquelle entrèrent toutes les peuplades du nord des Gaules, à l'exception des *Rhemi* qui firent au contraire alliance avec les Romains, dans l'espoir d'acquérir ainsi, dans le nord, la situation prépondérante des *Eduens* au centre.

Les coalisés réunirent près de 300,000 hommes et choisirent pour généralissime Galba, chef des *Suessiones*. Ils envahirent d'abord le pays des *Rhemi* et vinrent mettre le siège devant une de leurs cités, *Bibrax* (1). César accourut au secours de ses alliés et força l'ennemi à lever le siège ; mais n'ayant que 80,000 hommes sous la main, il n'osait engager la bataille, quand tout à coup l'armée de Galba se débanda. Les chefs avaient pris la résolution de rentrer chacun dans leur pays, et de s'y tenir sur la défensive, sauf à venir au secours de celui d'entre eux qui serait attaqué. César se mit à leur poursuite et vint assiéger *Noviodunum* (2), capitale des *Suessiones*. La ville fut prise et la tribu se soumit.

César continua sa conquête. Après avoir vaincu les

---

(1) Bièvre ou Berrieux en Laonnois.
(2) Ancienne dénomination de la ville de Soissons.

Bellovaques, il marcha contre les *Veromandui* alliés aux *Nerviens*. Ceux-ci livrèrent bataille sur les bords de la Sambre et tinrent longtemps en échec la fortune du conquérant. Leur courage en imposa au vainqueur qui leur accorda une paix honorable. Enfin les *Aduatici*, informés de la défaite de leurs voisins, s'enfermèrent dans *Aduat* leur capitale. Assiégés par les Romains, ils durent se rendre et cette victoire termina la campagne qui mettait aux mains de César tout le pays entre la Marne et l'Escaut.

Deux fois encore avant la pacification complète des Gaules, les tribus habitant notre territoire reprirent les armes. En 54, la victoire d'Ambiorix, chef des *Eburons*, sur les deux lieutenants de César, Sabinus et Cotta, décida les *Aduatici* à rentrer en campagne. Une nouvelle coalition s'organisa. César accourut pour aider ses lieutenants; il battit Ambiorix et ramena, en apparence, le calme dans le pays. Il n'en était rien en réalité et quand, en 52, l'on convoqua tous les chefs gaulois à *Bibracte* pour organiser le soulèvement général contre les Romains, ceux des *Suessiones*, des *Aduatici* et des *Veromandui* ne manquèrent pas au rendez-vous. Seuls les *Rhemi*, obstinés dans l'alliance romaine, s'abstinrent. Les tribus de notre pays subirent le sort de toute la Gaule. Elles luttèrent encore un an avec les *Bellovaques* après la défaite de Vercingétorix; puis, épuisées d'hommes et d'efforts, elles retombèrent définitivement sous l'empire des Romains.

II. La Gaule romaine. — Les conquêtes de César en Gaule ne furent organisées en provinces romaines que dans les premières années du règne d'Auguste. Elles formèrent trois provinces, l'*Aquitaine*, la *Lyonnaise* et la *Belgique*. Tout notre pays fut compris dans cette dernière. Quant à la condition des habitants, elle varia avec les circonstances et le caprice des vainqueurs. Certains furent considérés comme les alliés du peuple romain; de ce nombre étaient les *Rhemi*, restés fidèles aux envahisseurs pendant la guerre de l'indépendance. D'autres, comme les *Suessiones*, furent classés parmi ceux qu'on appelait les peuples libres, titre qui leur laissait leur indépendance administrative, mais qui les soumettait à payer un impôt au vainqueur. D'autres enfin furen réduits à l'état de sujets des Romains et tel fut le sort des *Veromandui* et des *Aduatici*.

Quand Dioclétien réorganisa l'empire et divisa le territoire en diocèses et en provinces, notre département fit partie de la *Seconde Belgique*, province du diocèse des Gaules (1). Plus tard, il fut compris sous le même nom dans le vicariat dit des *sept provinces*, l'une des trois subdivisions de la préfecture des Gaules.

La capitale de la province fut l'ancienne *Durocortore* des Gaulois que les Romains avaient baptisée *Augusta Rhemorum* (Reims). Cette façon de changer le nom des villes et même d'en élever de nouvelles à côté de celles qu'on voulait détruire, avait pour but de romaniser la Gaule. C'est ainsi que *Noviodunum* devint *Augusta Suessionum* (Soissons) et que la capitale des *Veromandui* fut transportée sur la Somme où l'on établit une nouvelle cité *Augusta Veromanduorum*, qui fut plus tard Saint-Quentin.

Les tribus de notre pays ne paraissent pas avoir été très rebelles aux progrès de la civilisation romaine. Elles adoptèrent aisément les habitudes et même les lois des Romains légèrement tempérées par les coutumes nationales. Dès le troisième siècle, elles se convertirent au christianisme qui fut importé dans le nord du département par saint Quentin et dans le Soissonnais par saint Crépin et saint Crépinien. Lorsque le nombre des chrétiens devint considérable et que les lois de l'Empire le permirent, ceux-ci se groupèrent en églises ou communautés. Ils formèrent trois groupes qui furent l'origine des diocèses de Reims, de Soissons et de Noyon. L'église de Laon ne se forma et n'eut un évêque particulier que plus tard.

Quoique la situation de la région l'ait exposée aux attaques des Francs et des Alamands, il ne paraît pas que dans leurs nombreuses incursions, même lors de la grande invasion repoussée par l'empereur Probus, les Barbares soient venus jusque sur l'Aisne. C'était en effet sur ce territoire que les gouverneurs romains concentraient leurs forces pour marcher au-devant des envahisseurs. C'est à Soissons même que le dernier repré-

---

(1) Le diocèse des Gaules comprenait en tout huit provinces.

sentant officiel de l'empire romain, Syagrius, établit son quartier général et ce fut près de cette ville qu'il livra sa dernière bataille contre les Francs Saliens commandés par Clovis et Ragnacaire. Sa défaite assura la domination définitive des Francs sur le Vermandois et le Soissonnais.

III. **Les rois mérovingiens. La lutte entre la Neustrie et l'Austrasie.** — La conquête de Soissons fut le premier exploit de Clovis ; il choisit cette ville pour sa capitale et en fit sa résidence pendant plus de vingt ans. Ce ne fut que devenu maître de presque toute la Gaule, par ses conquêtes et ses crimes, grâce à l'appui qu'il trouva chez les évêques après son mariage avec Clotilde et sa conversion, qu'il changea sa capitale et la mit à Paris.

A sa mort, son royaume fut partagé entre ses quatre fils et chacun eut une part au nord et au sud de la Loire. Soissons et toute la région environnante furent compris dans la part de Clotaire Ier. Le nouveau roi reprit l'ancienne capitale de Clovis. Il réunit bientôt à ses États les parts de Childebert et de Clodomir et l'ensemble de son royaume prit le nom de *Neustrie*, par opposition au royaume de Metz qu'on désigna sous le nom d'*Austrasie*. Seul roi de 558 à 561, il passa les dernières années de sa vie dans sa villa de Braine (1). Dans le nouveau partage qui suivit sa mort, le royaume de Soissons fut attribué à son fils Chilpéric Ier. Celui-ci, à la mort de son frère Caribert, roi de Paris, reconstitua tout le royaume de Neustrie.

La situation de notre pays, limite des deux États d'Austrasie et de Neustrie, en fit le théâtre des principales phases de la rivalité qui sépara les deux royaumes. Bien que compris dans les territoires où successivement, sous les noms de son mari Chilpéric et de son fils Clotaire II, Frédégonde exerça sa terrible domination, il

---

(1) Il ne reste aucune trace de cette villa, pas plus que des autres palais mérovingiens de Samoussy, de Quierzy, etc. Ces villas étaient en bois, contrairement à l'usage des Romains, qui employaient les matériaux les plus solides, même pour les constructions les plus temporaires. Cette différence explique comment ont disparu les vestiges des constructions mérovingiennes, alors qu'il reste encore tant d'édifices, de chaussées et de camps romains, bien antérieurs à l'époque des rois de la première race.

paraît néanmoins avoir été soumis pendant certaines périodes de la lutte à l'autorité de Brunehaut qui dirigeait la politique des rois d'Austrasie. Il se ressentit de l'initiative civilisatrice de cette grande reine et c'est probablement de cette époque que datent les routes dont il reste tant de vestiges chez nous et connues sous le nom de *chaussées de Brunehaut*.

Ce fut autour de Soissons qu'eurent lieu les chocs les plus importants entre les Austrasiens et les Neustriens : à Droissy, en 593, où l'armée de Childebert II fut battue, à Latofao (1), en 596, où les troupes de Théodebert ne furent pas plus heureuses que celles de son père. Quand la fortune des armes devint contraire à Clotaire, ce fut encore à Soissons qu'il concentra sa résistance contre les Austrasiens et les Burgondes et ce fut la dernière ville qu'il conserva après la prise de Paris par ses ennemis.

Dans la période qui suivit l'unification du royaume en 613, sous Clotaire II, puis sous Dagobert, l'histoire de notre pays ne présente rien qui lui soit particulier, mais quand la lutte recommença entre la Neustrie et l'Austrasie, ce fut encore dans la même région que l'on se battit.

Lorsque Ebroin, après avoir dompté l'aristocratie neustrienne, voulut s'attaquer aux leudes d'Austrasie, il les trouva fort disposés à se défendre. Sous les ordres de leurs chefs, Martin, leur maire du palais, et Pépin d'Héristal, son cousin germain, ils rencontrèrent les Neustriens à Latofao, où l'on s'était déjà battu sous Clotaire. Ils furent encore vaincus et leur chef Martin fut assassiné par trahison quelques jours après sous les murs de Laon.

La mort d'Ebroin changea la face des choses. La politique qui défendait l'autorité royale n'eut plus de représentant assez énergique pour la faire triompher. Les Austrasiens revinrent à la charge et battirent Berthaire, le nouveau maire du palais de Neustrie, à Testry, sur la limite actuelle des départements de l'Aisne et de la Somme. La Neustrie ne se releva pas de cette défaite et

---

(1) Aujourd'hui Laffaux, entre Soissons et Laon.

lutta en vain désormais. Ce fut près de Soissons qu'elle livra sa dernière bataille ; son armée et ses alliés aquitains sous les ordres de Ragnacaire furent écrasés. La lutte était terminée.

IV. **Charlemagne et ses successeurs. — Le Capitulaire de Quierzy-sur-Oise. — Les Normands.** — Pépin le Bref fut proclamé roi et sacré par saint Boniface en 752, à Soissons même, au milieu des souvenirs des princes de la première race. Les nouveaux rois n'avaient point de raisons d'établir leur capitale dans cette ville. Aussi la vieille cité perdit-elle la plus grande partie de son importance politique. Pourtant ce fut encore là qu'à la mort de Pépin, en 768, Carloman fut élevé au trône par le consentement des grands et la consécration des évêques, pendant que son frère Charles était proclamé à Noyon.

Lorsque Carloman mourut à Samoussy en Laonnois, le 4 décembre 771, Charles accourut aussitôt. Il provoqua une réunion des principaux évêques et leudes à Corbeny, sur les limites du Laonnais et du Rémois, et se fit octroyer la couronne de son frère.

Quoique les grands événements de son règne se soient passés loin de notre région, Charlemagne n'était pas sans y venir. Lorsque le pape Léon III vint le visiter en 804, ce fut à Reims et à Quierzy qu'il le reçut.

Le successeur de Charlemagne, Louis le Débonnaire, fut enfermé par son fils Lothaire dans l'abbaye de Saint-Médard de Soissons, après la trahison du Champ du mensonge. Le vieil empereur, déposé par le concile de Compiègne, dut faire dans la basilique de l'abbaye l'aveu de ses prétendues fautes que lui dictèrent les archevêques de Reims et de Lyon. Dans le partage qui suivit la mort de Louis et fut ratifié par le traité de Verdun, notre territoire fut compris dans la part attribuée à Charles, le dernier fils de l'empereur.

L'acte le plus important du long règne de Charles le Chauve fut accompli à Quierzy-sur-Oise ; ce fut la promulgation du capitulaire qui consacrait l'hérédité des bénéfices. Cette hérédité est le fond même du régime féodal ; elle n'existait qu'en fait jusque-là, Charles la ratifia législativement. La royauté abdiquait elle-même ainsi entre les mains de la féodalité.

Charles avait fait cette concession pour se concilier l'appui et le dévouement de ses vassaux dans ses prétentions à la couronne impériale. Mais il ne put guère donner suite à ses visées ambitieuses. Il eut assez à faire à défendre ses propres États contre les Normands sans en aller conquérir de nouveaux. L'audace des envahisseurs croissait sans cesse et ils poussaient chaque jour plus en avant leurs incursions dans les terres. Notre pays, quoique éloigné de la côte, ne fut pas exempt de leurs pirateries. En 883, après les honteuses concessions de Charles le Gros à leurs chefs Siegfried et Godfried, ils quittèrent la vallée de la Meuse pour envahir celle de la Somme, ils brûlèrent Saint-Quentin et s'avancèrent jusqu'aux portes de Laon et de Reims; en revenant, ils pillèrent Château-Thierry. Deux ans plus tard, pendant le siège de Paris par Rollon et Hastings, ils firent de fréquentes irruptions dans la vallée de l'Aisne; ils s'avancèrent jusqu'à Soissons et incendièrent l'abbaye de Saint-Médard.

Dans la période d'anarchie qui suivit la déposition de Charles le Gros, les seigneurs de nos pays reconnurent comme roi Eudes, duc de France. Le nouveau monarque eut d'abord à chasser les Normands du Vermandois. Le sort des armes lui fut contraire et l'on ne sait ce qui serait arrivé, si les vainqueurs, épouvantés par l'excès de la misère de la contrée et par la famine qui les menaçait, ne l'eussent pas quittée pour n'y plus revenir.

V. Eudes et la réaction carolingienne. — Ce fut néanmoins de ce pays ruiné que partit le mouvement de réaction en faveur des carolingiens. Le comte de Flandres rompit avec Eudes, et l'un de ses amis, le comte Waucher, s'empara de Laon par surprise. Le roi vint assiéger la ville, la reprit et fit décapiter Waucher, mais, appelé en Aquitaine, il ne put étouffer le parti carolingien, dont les chefs, Foulques, archevêque de Reims, et Pépin, comte de Vermandois, proclamèrent roi Charles, fils de Louis le Bègue. L'arrivée du roi Eudes entre Laon et Reims les contraignit de traiter avec Zwentibold, roi de Lorraine. Celui-ci entra en France avec une armée et vint assiéger Laon. Il fut forcé de se retirer devant Eudes qui eut bientôt réduit à composition Foulques et Pépin. Il n'abusa pas de sa victoire et appela près de lui le jeune Charles en lui promettant sa succession. Quand Eudes mourut à La Fère en 897, Charles le Simple, lui succéda en effet sans difficulté.

VI **Charles le Simple. — Le comte Héribert de Vermandois.** — L'autorité du nouveau roi n'était pas considérable ; sa suzeraineté sur les grands vassaux était purement nominale et il ne possédait en propre que les comtés de Laon et de Soissons. Tant qu'il ne gouverna point, on le laissa tranquille ; mais il n'en fut plus de même lorsqu'il fit mine d'agir en roi. Il avait pris pour ministre et pour conseil un modeste seigneur, Haganon, originaire, dit-on, du Laonnais ; celui-ci s'aliéna bientôt tous les grands seigneurs par sa morgue, son insolence et sa maladresse.

Dans une assemblée tenue à Soissons en 920, ils se séparèrent du roi et lui dénièrent toute suzeraineté. Charles essaya de résister. Ses vassaux prirent les armes et Laon tomba aux mains de Robert de Paris qui, ne redoutant plus rien, se fit sacrer roi à Reims. Charles fut abandonné, même par Héribert, comte de Vermandois, qui avait été son plus ferme partisan.

Le malheureux prince alla chercher des secours en Lorraine. L'intrigant Haganon, qui l'avait perdu, traita avec les Lorrains et les Normands, puis entra dans la vallée de l'Aisne avec une armée. Le roi s'avança jusqu'à Soissons où il rencontra Robert, le 25 juin 923. Ce fut une horrible mêlée. Robert fut tué, mais Charles dut battre en retraite ; les pertes des vainqueurs étaient si considérables qu'ils ne purent poursuivre les vaincus.

Les princes donnèrent comme successeur à Robert, Raoul, duc de Bourgogne, qui fut sacré à Soissons. Quelque temps après, le comte de Vermandois se fâcha avec le nouveau monarque et rappela le roi fugitif. Celui-ci se rendit sans défiance à Saint-Quentin. Là, son vassal le fit arrêter et conduire sous bonne escorte à Château-Thierry. La captivité de Charles mit fin à la guerre civile. Il resta prisonnier, bien traité, jusqu'à sa mort, en 929.

Grâce à ce captif, dont il fit un perpétuel épouvantail, le comte extorqua au roi Raoul le château de Péronne, le siège archiépiscopal de Reims, sur lequel, au mépris des canons de l'Église, il mit son fils, un enfant de cinq ans, puis le comté de Laon. Lorsque le pape Jean X lui ordonna de remettre Charles en liberté, Héribert se contenta de réunir, à Trosly-en-Soissonnais, un synode de six évêques pour délibérer sur la question.

Sur ces entrefaites, Charles mourut. Raoul, ne craignant plus Héribert, se mit en campagne. Il prit Reims et renvoya le petit archevêque. Laon, quoique bien défendue, fut emportée de vive force; Saint-Quentin se rendit. Héribert fut réduit à s'enfuir près du roi de Germanie, Henri l'Oiseleur. Mais le pays lui était favorable. Noyon et Saint-Quentin se révoltèrent. Henri s'entremit et l'on signa, en 935, à Soissons, un traité de paix qui rendait à Héribert le Vermandois et la citadelle de Laon.

VIII. **Lutte des derniers carolingiens contre la maison des ducs de France.** — A la mort de Raoul, en 936, Hugues le Grand, dédaignant encore une fois une couronne qu'il aimait mieux vendre qu'acheter, rappela d'Angleterre, où il s'était réfugié, le fils de Charles le Simple et restaura en sa personne la monarchie carolingienne. Louis IV d'Outre-mer fut sacré à Laon par Artaud, archevêque de Reims.

Bien que son domaine ne comprit guère plus que les comtés de Soissons et de Laon, son ambition était grande. Mais, dès que ses vassaux s'aperçurent de son envie de régner, ils prirent les armes et marchèrent contre lui. Ils vinrent d'abord assiéger Artaud dans Reims. L'ami du roi, impuissant à soutenir un pareil choc, dut traiter et changer contre trois abbayes son siège épiscopal qui fut rendu au fils d'Héribert de Vermandois.

Les princes conjurés marchèrent ensuite sur Laon, la dernière ville restée fidèle au roi. Elle tint jusqu'à la paix générale, en novembre 942. Héribert mourut peu temps après et ses domaines furent partagés entre ses quatre fils : l'un eut le comté de Vermandois, l'autre celui de Château-Thierry, un troisième l'abbaye de Saint-Médard, et le dernier l'archevêché de Reims. Ce partage détruisit la puissance de la maison de Vermandois, la seule qui, dans la France septentrionale, pût contrebalancer la fortune de la maison de Hugues le Grand.

Louis d'Outre-mer chercha des compensations en Normandie. Il enleva le duc de Normandie, un jeune enfant qu'il retint prisonnier à Laon Son captif ne tarda pas à lui échapper; il se réfugia au château de Couci, d'où il regagna son pays. Louis offrit à Hugues de conquérir avec lui ce riche duché, mais il ne fut pas heureux dans son entreprise. Pris par les Normands, il fut enfermé à son tour à Rouen.

Sur les instance de Hugues, on le remit entre les mains du duc de France, mais celui-ci ne lui rendit la liberté que contre cession de la place de Laon, centre de la résistance carolingienne. L'infortuné monarque se réfugia près d'Othon qui lui donna quelques troupes avec lesquelles il reprit Laon, sauf la tour qui portait son nom. La lassitude fit déposer les armes à tout le monde et Hugues consentit à laisser à Louis Laon et Soissons.

Le roi passa les dernières années de sa vie à combattre les petits seigneurs de sa vassalité en révolte continuelle contre lui. Il mourut, en 954, des suites d'une chute de cheval entre Laon et Reims.

Hugues dédaigna encore la couronne et la laissa à Lothaire, fils de Louis. Il mourut lui-même en 956. Son héritier, Hugues Capet, n'avait que dix ans. Il était encore trop jeune pour troubler la paix et notre pays ne revit plus l'ennemi qu'en 978, lors de la grande invasion d'Othon, dont Lothaire tailla l'arrière-garde en pièces au passage de l'Aisne, à Soissons, ce qui força l'armée impériale à se retirer sur la Meuse.

Quoique le Laonnois fût encore la résidence des rois Lothaire et Louis V, les événements qui signalent la fin de cette race se passent hors de notre territoire. Lothaire meurt en 986 et son fils Louis ne reste sur le trône qu'une année. A sa mort, en 987, le duc de France, Hugues Capet, roi de fait, se décide à prendre la couronne. Il est sacré à Noyon par Adalbéron, archevêque de Reims.

VIII. **Le moyen âge.** — **L'affranchissement des communes.** — La maison de France avait sa capitale à Paris. Avec la dynastie capétienne, notre pays cesse d'être le centre d'action de la famille royale; son territoire appartient cependant presque en entier au nouveau roi et suit le sort de tous les fiefs qui sont dans ce cas; à Laon et à Soissons, les droits attachés à l'ancien comté pour l'administration et la justice sont réunis à l'évêché; désormais c'est l'évêque qui est le seigneur. La suzeraineté du roi, qui n'est pas plus lourde que celle de tout autre grand seigneur, n'empêche d'ailleurs pas le développement des maisons féodales, dont les fiefs sont situés dans le Laonnais ou le Soissonnais.

Les événements dont cette région avait été le théâtre sous le règne des derniers carolingiens, ne paraissent point avoir nui aux progrès de la civilisation. Il semblerait, au contraire, que la vie politique y ait amené plus d'industrie, plus de circulation, plus de relations que partout ailleurs. Cette prospérité relative explique comment la révolution communale du douzième siècle trouva un terrain si favorable dans les villes de la contrée. Si les institutions des cités du Midi, si les tentatives malheureuses du Mans et de Cambrai pour se soustraire à l'oppression féodale, peuvent être considérées comme les préludes de la révolution municipale, on peut dire que ce fut vraiment dans notre pays qu'elle commença, sous la forme dans laquelle elle devait réussir définitivement. Ce fut Beauvais qui obtint de son évêque, en 1099, la première charte de libertés communales. A Saint-Quentin, vers 1102, Adèle de Vermandois accorda une charte pour éviter les revendications à main armée. A Noyon, la concession fut aussi pacifique, mais il n'en fut pas de même à Laon.

L'évêque, investi des droits des anciens comtes, en abusait étrangement. A l'avènement de Gaudri, un évêque-soldat du moyen âge, la situation devint intolérable. Les bourgeois, profitant d'une de ses absences, se révoltèrent et promulguèrent une charte (1109). A son retour, Gaudri, d'abord furieux, se radoucit à la vue des présents qu'on lui avait préparés et ratifia la charte : on obtint également, à prix d'or, la ratification royale.

Trois ans après, en 1112, Gaudri demanda à Louis le Gros, venu à Laon, de retirer sa ratification. Le roi se laissa marchander : les bourgeois offrirent 400 livres et l'évêque 700; le roi fit ce que voulait ce dernier et quitta la ville.

L'insurrection éclata. Gaudri et ses amis furent massacrés. Les bourgeois, effrayés des conséquences de cette révolte et redoutant le retour du roi, demandèrent à un seigneur voisin, Thomas de Marle, de les protéger contre la colère royale. Il leur offrit asile dans ses forteresses de Créci-sur-Serre et de Nogent-sous-Couci. La ville de Laon, abandonnée de ses principaux défenseurs, fut pillée et livrée à la plus cruelle réaction. Louis le Gros arriva et sa présence arrêta les représailles. Thomas de Marle défendit ses protégés, mais, réduit aux dernières extrémités, il dut les livrer. Ils furent tous pendus et la charte abolie. Mais leur sang féconda leur cause et, en 1128, après de nouvelles agitations, le successeur de Gaudri accorda à la ville une charte définitive. Elle servit de modèle à celles de Reims, de Crépy, de Montdidier, etc.

L'exemple de l'insurrection de Laon profita à Soissons. En 1116, l'évêque, redoutant des troubles, accorda, à prix d'argent, une charte aux habitants. Ce fut la plus célèbre de toutes celles du nord de la France et on la copia dans un grand nombre de villes, même éloignées, comme Dijon.

Ce mouvement d'émancipation se produisit chez nous jusque dans les campagnes ; nombre de petites villes obtinrent des chartes particulières et l'on trouve aussi de fréquents exemples de chartes collectives dont les dispositions s'appliquaient à plusieurs villages ; telles sont par exemple les chartes de Vailly, de Crépy et de Beaurieux.

IX. **Le sentiment national. — Les milices communales à Bouvines.** — Ces aspirations vers l'affranchissement coïncidèrent avec les premières éclosions du sentiment de la nationalité. On commençait à comprendre qu'au-dessus du Vermandois, du Laonnais ou de tout autre comté, il y avait la France. Après le combat de Brenneville, où la chevalerie avait eu le dessous, quand Louis VI, sur le conseil d'Amauri de Montfort, appela toutes les petites gens aux armes, il réunit à Reims une armée énorme dans laquelle les Laonnais et les Soissonnais formaient la seconde division, et les Saint-Quentinois, sous Raoul de Vermandois, l'aile droite. Malgré le nombre des hommes ainsi rassemblés, ce n'était pas une bien redoutable démonstration militaire, mais c'était la première manifestation du patriotisme français.

Les progrès de ce sentiment généreux furent si rapides que, moins d'un siècle plus tard, les milices bourgeoises solidement organisées firent autant que la chevalerie pour défendre la France menacée par la vaste coalition organisée par Jean sans Terre contre Philippe-Auguste. Rien que dans notre pays, les milices de Soissons, de Saint-Quentin, de Vailly, de Laon, de Bruyères, de Crandelain, de Cernay, etc., accoururent à l'appel du roi, et ce furent les vassaux de l'abbaye de Saint-Médard de Soissons qui eurent l'honneur d'engager l'action à la mémorable bataille de Bouvines (1214).

X. **Le mouvement intellectuel au moyen âge. — L'administration territoriale.** — Un milieu si bien préparé par sa prospérité matérielle pour l'éclosion des idées libérales et des sentiments généreux, devait être aussi favorable au développement des lettres et des arts. De ce temps date en effet la fondation de plusieurs abbayes, célèbres surtout par le mérite de ceux qu'elles abritèrent. C'est alors que prit naissance, près de Saint-Gobain, l'ordre illustre des Prémontrés qui étendit si loin ses fondations. C'est à la même époque que brillait de tout son éclat l'école de Laon dirigée par le fameux théologien Anselme et qui compta Abélard au nombre de ses auditeurs.

Quant aux monuments qui attestent encore la grandeur artistique de cette époque, ils sont innombrables dans notre région, et ce ne sont pas seulement des ruines d'architecture féodale mais des édifices religieux entiers et encore debout. La présence du roi avait d'abord favorisé la multiplication des constructions du style roman. Quand, vers la fin du onzième siècle, l'architecture ogivale commença à naître, ce fut encore dans ce même milieu qu'elle progressa le plus vite. Aussi, en dehors des grands monuments comme la cathédrale de Laon, celle de Soissons, ou la collégiale de Saint-Quentin, l'on trouve dans le département de l'Aisne une foule d'édifices des époques romane et ogivale qui témoignent aujourd'hui du goût artistique de ces temps reculés.

Ce fut probablement cet état de civilisation qui décida Philippe-Auguste à commencer par cette région l'établissement d'une nouvelle organisation administrative qu'il rêvait d'étendre à tout le domaine royal. Les rois capétiens avaient jusque-là délégué l'autorité administrative à des prévôts, qui étaient en général l'évêque ou quelque seigneur féodal. Cette organisation était tout à fait en dehors de la hiérarchie féodale. Pour affirmer son autorité, Philippe-Auguste imagina de diviser le domaine royal en circonscriptions administratives qu'on appela *grands bailliages*, à la tête desquelles devaient être des fonctionnaires dits *grands baillis*, ayant sous leurs ordres des agents inférieurs appelés *baillis* qui seraient eux-mêmes les supérieurs des anciens prévôts. Ce fut sur notre territoire que le roi fit le premier essai de cette organisation et le grand bailliage de Vermandois, avec Laon pour chef-lieu, fut le premier institué. Ce système fut complété par les successeurs de Philippe-Auguste et prit une importance considérable.

X. **La guerre de Cent-Ans. — La Jacquerie.** — Jusqu'à la guerre de Cent-Ans, l'histoire du territoire du département de l'Aisne n'offre plus rien de particulièrement remarquable. Pendant les guerres avec l'Angleterre, éloigné des côtes, il n'eut pas à souffrir de l'invasion anglaise, mais, à deux reprises, il eut à subir sa large part des maux de la guerre civile.

Le pays des libertés communales devait nécessairement s'associer à la révolution tentée par Etienne Marcel pour substituer la bourgeoisie à l'aristocratie féodale. Nos communes furent représentées aux Etats-Généraux de 1356 et de 1358, et le représentant de Laon, le fameux évêque Robert Lecoq, fut l'un des plus ardents partisans de la réforme. Quand Etienne Marcel, pour défendre les conquêtes des Etats-Généraux, tenta de confédérer les communes, ce furent encore les nôtres qui répondirent les premières et acceptèrent le chaperon rouge et bleu, signe de la confédération. Le mouvement ne fut malheureusement pas assez général pour réussir.

L'oppression féodale, qui avait amené une révolution décisive dans les villes, sembla vouloir compenser au détriment des paysans ce que lui avait fait perdre l'indépendance des bourgeois. La misère devint si grande, le spectacle qu'offrait la noblesse en présence de l'envahisseur si misérable, les aspirations libérales des communes si contagieuses, qu'un âpre désir d'affranchissement saisit toutes les campagnes des vallées de l'Aisne et de l'Oise. La Jacquerie éclata. Elle embrassa bientôt tout le pays situé entre Saint-Quentin, Reims et Meaux.

Les Jacques dévastèrent toutes les plaines du Laonnais et du Soissonnais, semant partout le meurtre et l'incendie ; ils détruisirent dans la région plus de cent manoirs féodaux. Les nobles s'enfuyaient épouvantés. Encouragés par les bourgeois, fraternisant avec le menu peuple des cités, il s'en fallut de rien que le triomphe des Jacques fût complet. Une victoire eût été décisive, malheureusement ils vinrent échouer devant Meaux. Ils reculèrent sur l'Aisne. Les nobles se ressaisirent et poursuivirent les paysans insurgés. Enguerrand de Couci détruisit leurs dernières bandes entre Laon et Soissons. La répression fut plus terrible encore que l'insurrection. « Si grand mal fut fait par les nobles de France, dit un chroniqueur, qu'il n'était pas besoin des Anglais pour détruire le pays ; car, en vérité, les Anglais, ennemis du royaume, n'eussent pu faire ce que firent les nobles du dedans. »

XII. **Les Armagnacs et les Bourguignons. — Sac de Soissons.** — Après cette terrible secousse, le pays retrouva quelque calme et répara ses ruines, mais il ne devait pas encore être bien longtemps sans revoir la guerre civile. Pendant la lutte des Armagnacs et des Bourguignons, après la réaction de 1423 à Paris, Jean sans Peur dut reculer devant l'armée des princes qui vint assiéger les places où le duc de Bourgogne avait jeté des garnisons. Après la prise de Compiègne, ils s'avancèrent sur Soissons. La bourgeoisie s'unit à la garnison pour résister ; on livra vingt combats sous les murs de la ville qu'il fallut prendre d'assaut. La malheureuse cité fut mise à sac, la moitié de ses défenseurs furent passés au fil de l'épée, les femmes outragées, les biens confisqués, les couvents pillés, les églises profanées, les édifices municipaux démolis. Les hommes qui échappèrent au massacre furent réservés pour l'échafaud, le gouverneur Enguerrand de Bourneville, le premier (mai 1314). Soissons ne se releva jamais de ce désastre.

Cette sauvage exécution épouvanta les amis du duc de Bourgogne et tout le pays se trouva conquis du coup. Le frère de Jean lui-même, Philippe, comte de

Rethel, accourut à Laon pour se soumettre et le duc, abandonné de tous, signa la paix d'Arras.

Soissons n'était pas encore au bout de ses peines. Quand, en 1418, une nouvelle révolution rendit Paris aux Cabochiens, la plupart des villes conquises par les Armagnacs retournèrent aux Bourguignons; Soissons et Laon ne furent pas les dernières à suivre le mouvement. Mais Jean-sans-Peur, à bout de ressources, laissa ses adversaires reprendre Soissons par surprise et désoler encore ces malheureuses régions.

XII. **Jeanne d'Arc.** — Treize ans plus tard une armée sillonnait encore le pays, mais c'était une armée victorieuse, celle qui, sous les ordres de Jeanne d'Arc, venait de conduire Charles VII à Reims. Après le sacre, Jeanne était d'avis de marcher sur Paris; toutes les villes, un peu sur l'expectative, étaient prêtes à reconnaître l'autorité du roi. Le 21 juillet 1429, Laon lui fit remettre ses clefs; La Hire fut nommé bailli du Vermandois. Le lendemain, à Vailly, il reçut celles de Soissons où il arriva le 23 et resta plusieurs jours. Malgré les instances de Jeanne, impatientée de ce retard, il refusa de prendre la route de Paris et se dirigea sur Château-Thierry. La ville se rendit à lui le 29 juillet. La résistance de Brai-sur-Seine l'obligea à reculer à travers tout le Valois. Partout sur son passage, à la Ferté-Milon, à Crépy, etc., le peuple accourait pour voir l'héroïne et l'acclamer.

Enfin, redoutant l'approche des Anglais, le roi se cantonna à Crépy; mais, dès que Bedfort se fut replié sur Paris, Charles VII, par esprit d'opposition à Jeanne d'Arc, marcha sur Compiègne. Ce fut sur le territoire limitrophe de notre département, entre Compiègne et Paris, que Jeanne lutta jusqu'à la catastrophe du 23 mai 1430, sans grand profit d'ailleurs, pour la cause du misérable roi qui par jalousie et mauvais vouloir avait contrecarré les plans de la Pucelle depuis Reims et l'avait finalement abandonnée.

XIV. **Guerres contre Charles-Quint.** — **Traité de Crépy-en-Valois.** — **Edit de Villers-Cotterets.** — Après ces événements, le territoire du département jouit d'un calme ininterrompu pendant près d'un siècle, mais à l'époque des guerres contre Charles-Quint, il eut, à diverses reprises, à subir l'invasion des Impériaux.

Ce fut d'abord en 1523. A la suite de la trahison du connétable de Bourbon, une armée alliée, sous les ordres du duc de Suffolk, envahit la France au Nord. Passant devant les places de l'Artois et du Vermandois sans les assiéger, elle descendit la vallée de l'Oise jusqu'à onze lieues de Paris, mais, effrayée par les revers des Impériaux en Champagne et inquiétée par l'habile tactique du sire de la Trémoille, gouverneur de Picardie, elle battit en retraite, retraversa le Vermandois presque sans combattre et se retira en Flandre.

Une autre invasion, en 1544, atteignit surtout le sud du département. Charles-Quint en personne avait envahi la Champagne. Sur le point de manquer de vivres et d'être obligé de se retirer, il apprit que le pont de Château-Thierry n'était pas coupé. D'un mouvement rapide, il se jeta dans cette ville où il trouva d'immenses approvisionnements. Il n'osa point cependant avancer sur Paris et se replia sur Soissons. Il prit la ville, la pilla, puis franchit l'Aisne et alla camper à Crépy-en-Laonnais.

Ce fut là que la paix fut signée entre François Ier et Charles-Quint qui, préoccupé des affaires intérieures d'Allemagne et de l'attitude des Turcs, avait hâte d'en finir. Le traité était assez avantageux pour la France: il concluait entre les deux souverains une alliance expresse contre les Turcs et une entente déguisée contre les protestants.

Si, pendant cette période, notre pays eut à souffrir de la guerre, il bénéficia aussi des avantages que pouvait procurer la présence fréquente du roi, attaché à ses deux résidences de Chantilly (Oise) et de Villers-Cotterets. Ce fut à Chantilly qu'il reçut Charles-Quint, lorsque celui-ci vint en France en 1540; le roi le reconduisit même avec un magnifique appareil jusqu'à Saint-Quentin où les deux princes se séparèrent.

Pendant un séjour à Villers-Cotterets, François Ier rendit le fameux édit prescrivant « qu'il fût fait un registre des baptêmes contenant les temps et heure de nativité, faisant pleine foi pour prouver le temps de majorité et de minorité. » C'est l'origine des actes d'état civil. La même ordonnance décidait encore que dorénavant les actes notariés, les procédures et les arrêts seraient rédigés en français et non plus en latin.

XV. **Guerre contre Philippe II. — Siège de Saint-Quentin.**
— Dans la guerre qui suivit l'abdication de Charles-Quint, une armée espagnole sous les ordres du duc Philibert de Savoie envahit la France. Elle entra en Thiérarche, brûla Vervins en passant et vint s'unir devant Guise aux forces déjà réunies par Philippe II. L'armée française commandée par le duc de Nevers était cantonnée à Pierrepont sur les confins du Laonnais. Malgré son infériorité numérique, sur le conseil de l'amiral de Coligny, Nevers marcha à l'ennemi, quand il apprit tout à coup que les Espagnols ne s'étaient point arrêtés à Guise et commençaient à investir Saint-Quentin.

La ville était mal fortifiée et n'avait point de garnison. La situation était critique. A la faveur de la nuit, l'amiral de Coligny se jeta dans la ville avec une poignée d'hommes. Aidé du maire de Saint-Quentin, Varlet de Gibercourt, et de l'ingénieur Saint-Remi, il prit toutes les mesures de défense possibles, mais le blocus fut fermé avant qu'un secours, envoyé de la Fère par le connétable de Montmorenci, pût pénétrer dans la place.

Le connétable s'avança lui-même avec 25,000 hommes pour secourir la ville; il eut la chance d'y jeter quelques soldats, mais, obligé de battre en retraite devant l'immense armée du duc de Savoie, il fut atteint entre Essigny-le-Grand et Lizerolles. On livra en cet endroit la fameuse bataille dite de Saint-Quentin. Ce fut un désastre pour l'armée française; la route de Paris était ouverte. Heureusement Philippe II ne sut pas profiter de l'avantage; il ordonna à son général de prendre d'abord Saint-Quentin. Coligny comprit l'importance de ce retard et défendit encore la ville pendant dix-sept jours contre les 60,000 hommes qui l'assiégeaient. Elle fut prise d'assaut. Les bourgeois se battirent comme les soldats et résistèrent pied à pied. Un grand nombre d'entre eux fut tué, l'amiral fait prisonnier et la ville livrée au pillage.

Ces dix-sept jours de résistance avaient sauvé Paris. Le duc de Nevers avait réuni une nouvelle armée entre la Fère et Laon; le duc de Guise, rappelé d'Italie, arrivait, Philippe II n'osa pas avancer plus loin que Chauny. La campagne de Guise en Artois obligea les

Espagnols à s'éloigner des pays envahis, et la paix de Cateau-Cambrésis rendit Saint-Quentin à la France.

XVI. **Les guerres de religion. — La Ligue. — La paix de Vervins.** — Notre pays n'échappa pas complètement aux maux des guerres de religion. Les protestants de Picardie prirent Soissons en 1567 et y laissèrent une garnison qui commit d'affreuses dévastations. C'est de ce moment que date la ruine de la basilique de Saint-Médard. Château-Thierry fut plusieurs fois occupé par les belligérants.

C'est dans cette ville que se passa l'événement le plus important de cette histoire. Le duc d'Anjou, dernier frère du roi, y mourut le 10 juin 1584, laissant ainsi libre le chemin du trône à un huguenot, au roi Henri de Navarre.

Quoique le pays fût le berceau de la famille des Guises, nos cités n'adhérèrent pas immédiatement à la Ligue. Saint-Quentin resta même toujours antiligueuse. Les villes de Picardie, d'Amiens à Reims, entre autres Soissons, n'entrèrent dans la Ligue qu'en 1585. Laon, restée indécise, adhéra pourtant sur le conseil d'un des esprits les moins fanatiques de son temps, Jean Bodin, qui pressa les Laonnais de se soustraire à l'autorité d'un roi « fourbe et perfide. »

A l'avènement d'Henri IV, Laon devint même comme le quartier-général du duc de Mayenne; il pouvait aisément conférer de là avec ses alliés les Espagnols, auxquels il dut céder la Fère comme place de sûreté en 1592. Après l'abjuration d'Henri IV, la Ligue n'avait plus sa raison d'être, mais les chefs, forts de l'appui des Espagnols, ne renoncèrent point à leurs prétentions. Notre contrée devint le centre même de la résistance. Henri IV vint lui-même mettre le siège devant Laon. La ville se défendit pendant plus de deux mois et ne se rendit qu'après avoir subi trois assauts partiels et avoir vu tomber les plus braves de ses défenseurs. Les tentatives de Mayenne pour la secourir furent vaines et le chef de la Ligue se retira à la Fère. La prise de Laon fut le signal des dernières défections. Château-Thierry se rallia immédiatement, et il ne resta plus guère aux ennemis dans la région que Soissons et la Fère.

Il fallait en finir maintenant avec les Espagnols que

les Ligueurs avaient introduits dans les affaires de France. L'armée française vint faire le blocus de la Fère et la place ne se rendit qu'au bout de six mois (16 mai 1596). La campagne dura encore dix-huit mois et la paix ne fut signée à Vervins qu'en mai 1598. Entre autres conditions, les Espagnols devaient rendre les forteresses qu'ils détenaient encore sur le territoire français et au nombre desquelles étaient la Capelle et le Catelet.

XVII. **Les dix-septième et dix-huitième siècles.** — Quoique plusieurs des villes de la vallée de l'Aisne fussent dans les apanages des princes qui troublèrent la minorité de Louis XIII, le pays n'eut pas à souffrir directement de ces discordes, sauf en 1617. Mayenne s'était retiré dans Soissons, et l'armée royale, commandée par le duc de Rohan, vint l'y assiéger. Mais le meurtre de Concini termina subitement la guerre, et le duc de Mayenne envoya lui-même les clefs de la ville au roi.

A part cette démonstration militaire, la paix fut complète jusqu'à l'invasion de 1636. La période française de la guerre de Trente ans était commencée, on se battait sur toutes les frontières. 30,000 hommes avec une forte artillerie de siège envahirent le nord du département. Ils investirent d'abord la Capelle qui se rendit au bout de sept jours, puis, passant devant Guise qu'ils jugèrent trop bien fortifiée, ils attaquèrent le Catelet qui succomba le troisième jour, sans donner le temps aux troupes françaises campées autour de Saint-Quentin de secourir la ville. Richelieu, furieux, fit condamner à mort pour lâcheté les gouverneurs militaires de la Capelle et du Catelet.

Le danger était fort grand. Heureusement les Espagnols, au lieu de forcer le passage de l'Oise, défendu par un corps d'armée sous les ordres du comte de Soissons, et de marcher sur Paris, perdirent tout le bénéfice de leur victoire autour de Corbie. La campagne de 1637 leur en enleva les derniers fruits, bien que le commandant français, le cardinal de la Valette, n'eût pas tiré tout le parti possible de la situation. Ce fut lui qui reprit la Capelle. Le Catelet ne fut reconquis qu'en 1638 par le maréchal de la Force qui chassa l'ennemi de tout le Vermandois.

En 1650, cette malheureuse place du Catelet retomba encore aux mains des Impériaux commandés ce jour-là par Turenne. Elle fut livrée par les paysans qui s'y étaient réfugiés, quoique le gouverneur Vandi eût tué de sa main les deux premiers qui avaient parlé de capituler. Les Impériaux marchèrent ensuite sur Guise. La ville fut prise, mais la garnison et la population se retirèrent dans la citadelle et s'y défendirent jusqu'au moment où l'approche de l'armée du maréchal de Plessis-Praslin obligea l'ennemi à lever le siège.

Turenne changea de direction. Il reprit la Capelle, s'empara de Vervins, puis se jeta dans la vallée de l'Aisne et s'avança jusqu'à la Ferté-Milon. Il voulait aller à Paris, mais les Espagnols hésitèrent et leur armée se replia sur la Meuse. Après une courte campagne, les régiments français de cette armée vinrent prendre leurs quartiers d'hiver autour de Marle.

Pendant les dernières campagnes qui précédèrent le traité des Pyrénées, il n'y eut plus d'événement remarquable qu'un nouveau siège de la Capelle que Turenne, qui cette fois commandait une armée française, reprit aux Espagnols. Le traité de 1659, entre autres places, rendit le Catelet à la France.

Aux maux de la guerre s'ajoutèrent ceux d'une misère épouvantable. Dans les villes comme dans les campagnes, le pain manquait. A Saint-Quentin, à Laon, à Guise, à la Fère, à Ribemont, à Braine, les malades abandonnés mouraient par centaines; on n'avait ni blé pour nourrir les hommes, ni vêtements pour couvrir les enfants. La faim et le froid firent des victimes en quantité. « Nous voyons, dit une relation du temps, les pauvres mourir, mangeant la terre, broutant l'herbe, déchirant leurs haillons pour les avaler... ce que nous n'oserions pas dire si nous ne l'avions vu, ils se mangent les bras et les mains, » et, plus loin, le même document, parlant des habitants de plusieurs villes (Laon, Bazoches, etc.), ajoute : « Ils ne mangent que des grenouilles et des limaçons. »

Cette atroce misère disparut dans les dernières années du ministère de Mazarin. A partir de cette date jusqu'à la Révolution, la paix ne fut plus troublée sur notre territoire. Il y eut bien encore des heures de grandes misères, notamment pendant la guerre de la succession d'Espagne, mais l'état du pays fut en général assez prospère. Grâce à la politique protectionniste inaugurée par Colbert, la grande industrie prit une extension considérable; des usines s'établirent dans toutes les parties du département. Le tissage des laines et la verrerie furent les deux industries qui se développèrent le plus vite chez nous; des filatures se montèrent à Saint-Quentin, à Château-Thierry, etc.; la verrerie de Folombray et la manufacture de glaces de Saint-Gobain sont aussi de cette époque. En même temps que notre pays prenait cette importance industrielle, deux de ses enfants, La Fontaine et Racine, arrivaient au faîte de la gloire littéraire.

Pendant tout le dix-huitième siècle, son histoire ne présente rien de particulier. Il souffrit comme toute la France des charges croissantes imposées par les folies de la royauté aux populations et des abus d'une organisation sociale vieillie et déjà condamnée; mais c'est une histoire qui ne lui est pas propre et nous n'avons pas à la conter.

XVIII. **La Révolution. — Formation du département de l'Aisne.** — A la veille de la Révolution, les anciennes provinces ne présentaient plus guère qu'un intérêt géographique (1). Sous le rapport de l'administration civile et militaire (2), on leur avait substitué d'autres circonscriptions auxquelles l'organisation des pouvoirs des intendants sous Richelieu donna une très grande importance. C'étaient les *généralités*. Le territoire qui devait former notre département, relevait presque entièrement de la généralité de Soissons, sauf la partie nord-ouest qui appartenait à celle d'Amiens.

---

(1) Le territoire de notre département est emprunté à trois anciennes provinces : les deux arrondissements de Saint-Quentin et de Vervins, ainsi qu'une partie de celui de Laon, appartenaient à la *Picardie*, le reste du Laonnais, l'arrondissement de Soissons et une partie de celui de Château-Thierry étaient compris dans l'*Ile de France*; enfin, le sud et l'est de ce dernier se rattachaient à la *Champagne*.

(2) Les intendants avaient régulièrement dans leurs attributions la solde, les subsistances et les logements militaires. Les gouverneurs de province n'avaient même plus le commandement effectif des troupes cantonnées dans leurs gouvernements.

Ce fut dans ces anciennes circonscriptions que l'Assemblée Constituante, sans se préoccuper de leurs limites, tailla par le décret du 26 février 1790 les nouvelles divisions. Elles furent appelées *départements* et le nôtre reçut le nom de la rivière d'Aisne qui le traverse par le milieu, de l'est à l'ouest. Laon fut choisi comme chef-lieu; sa position centrale fit préférer cette ville à Soissons que recommandait son glorieux passé historique.

Les idées de la Révolution furent accueillies avec un réel enthousiasme. Parmi les hommes qui jouèrent un rôle important dans cette grande époque figurent plusieurs enfants de l'Aisne : Camille Desmoulins était originaire de Guise et Fouquier-Tinville d'Hérouelles. Le département envoya siéger à la Convention, Condorcet, Saint-Just et Ronsin. Malgré de pareils choix, qui témoignent de la sérénité avec laquelle nos pères envisageaient les solutions énergiques, malgré la constitution d'un grand nombre de sociétés populaires de Jacobins, la Terreur ne fit pas grand ravage dans notre pays. De cette époque date au contraire une grande prospérité matérielle. On utilisa sans doute mieux qu'ailleurs les résultats de la transformation du régime de la propriété foncière accomplie par les Assemblées de la Révolution et jamais l'agriculture ne fut plus prospère. Une des preuves de cette situation est dans ce fait que, malgré le nombre des défenseurs fournis à la patrie dans cette période par le département, sa population s'accrut de plus de 5 pour 100.

XIX. La campagne de France en 1814. — Batailles de Châtau-Thierry et Craonne. — Le tableau s'assombrit dans les dernières années de l'Empire, et, en 1814, la situation géographique du département, entre la frontière belge et Paris, lui valut encore une fois le terrible honneur d'être le terrain des opérations militaires contre l'envahisseur.

Pendant que les alliés formés en trois armées marchaient sur Paris, Napoléon I*er*, profitant d'une faute du général ennemi Schwarzenberg, se jeta brusquement au-devant de l'armée de Blücher dans le pays situé entre Sézanne et Château-Thierry. En cinq jours, il battit successivement et séparément les quatre corps de cette armée, le 10 février à Champaubert, le 11 à Montmirail, le 12 à Château-Thierry où les habitants secondèrent bravement les troupes, et le 14 à Vauchamps. La moitié de l'armée russo-prussienne fut détruite ou faite prisonnière.

Blücher profita du répit que lui laissait l'empereur, lancé à la poursuite de Schwarzenberg, pour rallier ses troupes et reprendre sa route en avant. Mais Napoléon revint sur lui, l'atteignit à la Ferté-sous-Jouarre et l'obligea à battre en retraite de la Marne sur l'Aisne. Tous les passages de cette rivière étaient gardés par des garnisons françaises. Le plan de l'empereur était d'acculer l'ennemi contre cette ligne et de l'y écraser. La victoire était certaine, quand tout à coup Soissons capitula et livra le passage de l'Aisne. Le gouverneur, affolé par les menaces de l'ennemi, ne comprit pas l'importance de tenir, ne fût-ce qu'un jour ou deux, et rendit la place à la première sommation, contre le gré de la garnison.

Toutes les espérances de Napoléon s'écroulaient. Il poursuivit néanmoins l'ennemi, passa l'Aisne à Berry-au-Bac et atteignit Blücher à Craonne où il remporta une brillante victoire le 7 mars. Les Prussiens battus se retirèrent sous Laon. Les Français essayèrent d'emporter la position de vive force. Après des efforts aussi vains que glorieux, ils durent se replier sur Soissons, le 20 mars. Avant la fin du mois, l'ennemi était devant Paris.

L'invasion de 1815 n'épargna pas davantage notre département. Après le désastre de Waterloo, Napoléon était revenu à Laon, où se rallièrent les débris de son armée. Mais, désespéré et désormais sans confiance, il repartit immédiatement pour Paris et ne livra aucune bataille sur notre territoire.

XX. **La guerre de 1870. — Bataille de Saint-Quentin.** — Avec le second empire, le département de l'Aisne devait encore revoir une invasion. Il était traversé par toutes les routes qui pouvaient mener de Sedan à Paris. Après le désastre du 3 septembre, il ne tarda pas à être couvert par les troupes du prince royal Frédéric, qui marchait sur la capitale. Laon, mal outillée pour une longue défense, ne résista point, mais, dans un moment d'héroïque exaltation, un garde du génie fit sauter la citadelle pour qu'elle ne fût pas rendue à l'ennemi. A Soissons, les Prussiens trouvèrent une sérieuse résistance ; il leur fallut faire le siège de la place. Les habitants prirent une part glorieuse à la défense et la ville ne se rendit qu'à la dernière extrémité, le 16 octobre. Dans nombre de localités des environs, les habitants firent également bien leur devoir ; c'est dans ces journées que l'instituteur de Pasly et celui de Pommiers, Desbordeau et Poulette, périrent victimes de leur courageuse conduite (1). A Saint-Quentin, ville ouverte, les citoyens, sous la conduite du préfet de l'Aisne, Anatole de la Forge, barricadèrent la ville et la défendirent contre les premières troupes allemandes qui se présentèrent. La Fère ne tomba aux mains de l'ennemi qu'après deux mois de siège et un bombardement.

Dans la dernière période de la guerre, l'armée du Nord, commandée par le général Faidherbe, livra en avant de Saint-Quentin une grande bataille qui ne pouvait plus avoir aucun caractère décisif (19 janvier 1871). La journée fut glorieuse, mais, en présence des forces qu'il avait à combattre, le général Faidherbe dut battre en retraite sur Cambrai pendant la nuit. Il se retira avec ses convois et son artillerie.

Cette bataille est le dernier des grands événements qui se sont passés sur le sol du département de l'Aisne. Espérons que l'avenir ne lui réserve plus aucune de ces épreuves dont il a si souvent souffert au cours de son histoire et qui lui ont fait ce passé glorieux et pur de défaillances dont on vient de rappeler les principaux épisodes.

---

(1) A ces deux noms, il convient d'ajouter celui de Leroy, instituteur à Vendières, qui, en janvier 1871, fut arrêté au milieu de sa classe par les Prussiens, comme complice d'une compagnie de Francs-tireurs ; il fut conduit à Châlons-sur-Marne, condamné à mort et fusillé.

NOTICES BIOGRAPHIQUES
SUR LES
PERSONNAGES CÉLÈBRES
Nés sur le territoire formant le
DÉPARTEMENT DE L'AISNE

SAINT REMI, *évêque de Reims.* — Une légende rapporte que la naissance de saint Remi et les grandes destinées qui l'attendaient, furent prédites à sa mère par un anachorète. Celle-là, déjà très avancée en âge, désespérait de voir la réalisation de la prophétie, quand elle mit au monde le futur évêque de Reims, vers 437, à Cerny.

Après avoir fait de grands progrès dans les sciences, Remi vécut en ermite dans les environs de Laon. Sa réputation de sainteté fut bientôt si grande qu'à la mort de Bennadius, évêque de Reims, le clergé et le peuple de la ville nommèrent Remi évêque, bien qu'il n'eût que vingt-deux ans (1). Il n'accepta cette dignité que vaincu par les sollicitations de tous.

Il eut la plus grande part à la conversion de Clovis et le baptisa de sa main. Ce fut à ce moment, dit la légende, qu'un envoyé du ciel lui remit la Sainte-Ampoule qui, jusqu'à la fin de l'ancienne monarchie, devait servir au sacre des rois de France. En dehors de ce

---

(1) A cette époque, les évêques étaient choisis par les suffrages de tous les clercs et de tous les fidèles réunis dans l'église. La sanction du roi n'était même pas encore exigée.

fait, l'on connaît peu les détails de son existence. Sidoine Apollinaire(1) en parle comme de l'un des hommes les plus éloquents de son temps. Il mourut en 533, après avoir occupé le siège épiscopal de Reims pendant plus de soixante-dix ans.

CARIBERT, *roi de Paris*. — Caribert, roi de Paris, était né, comme un grand nombre de princes de cette époque, dans les environs de Soissons où se trouvaient plusieurs villas royales. A la mort de son père, en 561, il obtint pour sa part le royaume de Paris.

Moins barbare que la plupart des rois de sa race, il se piquait de science juridique et avait des prétentions à l'éloquence latine. Mais son humeur pacifique nuisait à son autorité et ce fut sous son règne que commença la puissance des maires du palais. Il ne paraît pas non plus avoir été d'une grande moralité puisque saint Germain, évêque de Paris, dut l'excommunier à raison de son incontinence. A sa mort (567), ses États furent partagés entre ses trois frères, Chilpéric Ier, Gontran et Sigebert.

CHILPÉRIC Ier, *roi de Neustrie*. — Chilpéric naquit à Soissons en 537. A la mort de son père, Clotaire Ier (561), il reçut en partage le royaume de Soissons. Quoiqu'il se piquât de bel esprit et qu'il fût poète et théologien à ses heures, il n'en a pas moins laissé la mémoire d'un prince peu estimable. Après avoir répudié sa première femme, Audowère, et fait étrangler sa seconde, Galswinthe, il épousa une suivante de la cour, nommée Frédégonde.

La nouvelle reine gouverna sous le couvert du roi, beaucoup plus occupé des conciles qu'il réunissait à tout propos que des soins de son royaume. Elle engagea Chilpéric dans les guerres malheureuses qu'il soutint contre l'Austrasie et inspira tous les crimes qui furent commis sous son règne : l'assassinat de son frère Sigebert, le massacre des enfants d'Audowère, le meurtre de Prétextatus, évêque de Rouen, etc.

Chilpéric tomba lui-même sous les coups de sa femme

---

(1) Célèbre écrivain, né à Lyon en 430, mort en 488.

qui le fit assassiner, lorsqu'il découvrit les relations coupables qu'elle entretenait avec Landry, l'un de ses officiers (584).

FRÉDÉGONDE, *reine de Neustrie*. — Frédégonde, dont nous venons de parler, née vers 545 au village d'Avancourt, était d'origine très modeste. Devenue reine après la mort de Galswinthe que, de concert avec Chilpéric, elle fit assassiner, elle inspira toutes sortes de crimes et d'injustices à son mari, dans le but d'étendre sa domination.

S'étant débarrassée du roi par un meurtre, elle gouverna la Neustrie, comme régente sous son fils Clotaire II, en compagnie de Landry, devenu maire du palais. Toujours jalouse de Brunehaut qui régnait en Austrasie sous le couvert de Childebert II et s'efforçait d'acclimater dans son pays les institutions et la civilisation romaines et d'affermir l'autorité royale contre l'esprit d'indépendance des leudes, Frédégonde se fit le champion de la politique contraire. Pour faire pièce à sa rivale, elle s'appuya sur les grands et développa la puissance des maires du palais au détriment du pouvoir royal.

Dès que le sage Gontran, roi de Bourgogne, ne fut plus là pour contenir la fureur des deux reines ennemies (593), les Neustriens entrèrent en campagne sous la conduite de Landry. Ils prirent Soissons, battirent les Austrasiens à Droissy, au-dessous de Laon, et ravagèrent la Champagne. Le sort des armes fut favorable à la Neustrie jusqu'à la mort de Frédégonde.

Elle mourut pleine de gloire (597) en laissant à son fils une excellente position et surtout la tradition d'une politique que lui avait inspirée sa haine contre Brunehaut. Cette politique devait amener à la longue la perte de la dynastie mérovingienne, mais elle permit à Clotaire II de réunir tous les efforts des leudes autour de lui et de relever momentanément la fortune de sa maison au milieu des plus grands désastres.

CLOTAIRE II, *roi des Francs*. — Clotaire II, né près de Soissons (584), succéda à son père dès l'âge de quatre mois, mais il ne régna vraiment qu'à la mort de sa mère Frédégonde.

La fortune des armes, qui jusque là avait favorisé les Neustriens, changea et les fils de Childebert II, roi d'Austrasie, Théodebert et Thierry II, dépouillèrent presque complètement de ses États le jeune Clotaire. Mais, devenu homme, il profita habilement des dissentiments survenus entre ses vainqueurs et, en s'appuyant sur les leudes, il reconquit tout son héritage. A la mort de Brunehaut et des rois ses petits-fils, il y joignit le reste de l'empire franc.

Pour prix de leur concours, les leudes lui imposèrent à l'assemblée de Paris, en 615, de dures conditions, à savoir la sanction de leurs privilèges et l'inamovibilité des maires du palais. Clotaire céda, mais, à force d'habileté, il reconquit sur l'aristocratie militaire et civile une partie des concessions auxquelles il avait dû souscrire. Après un règne glorieux, il mourut paisiblement en 628.

EBROIN, *maire du palais*. — Ebroïn, le plus illustre des maires du palais de Neustrie, paraît être originaire des environs de Soissons. Très lié avec les plus saints personnages de son temps, fondateur de plusieurs abbayes, il acquit, dès qu'il s'occupa des affaires publiques, une grande réputation comme administrateur et comme juge. Les grands le virent avec plaisir recueillir la succession d'Erchinoald, maire du palais sous Clovis II, et il ne trompa d'abord aucune de leurs espérances.

Son attitude changea bientôt. Il écarta du gouvernement la reine Bathilde, qui le partageait avec lui, et prit seul la direction des affaires. Comprenant combien la politique inaugurée par Frédégonde et continuée par les successeurs de Clotaire II était préjudiciable à l'autorité royale, il se mit à la tête d'un mouvement de réaction. Il gouverna contre les leudes et leur fit durement sentir son autorité.

Cette nouvelle politique n'alla pas sans soulever de violentes colères et les mécontents se groupèrent autour de saint Léger, évêque d'Autun. Le conflit éclata à la mort de Clotaire III et à propos de sa succession. La lutte s'engagea. Ebroïn, vaincu et fait prisonnier, fut enfermé au monastère de Luxeuil, mais le vainqueur, Childéric II, continua la même politique, la seule qui pût sauver l'autorité royale, et, pour dompter les leudes furieux de cette énergie inattendue, il fit enfermer leur chef, le turbulent évêque d'Autun, dans le même monastère où était déjà Ébroïn. Les deux adversaires en sortirent en même temps, après le meurtre de Childéric (673), auquel saint Léger ne fut sans doute pas étranger.

La lutte recommença. A la tête d'une armée d'aventuriers, Ébroïn marcha contre les grands, les battit et assiégea saint Léger dans Autun, sa ville épiscopale, où il le prit et le fit mettre à mort. Ayant ainsi dompté la Neustrie, il voulut imposer sa politique à toute la Gaule et marcha contre l'Austrasie. Le succès commençait à couronner cette entreprise, quand Ébroïn fut assassiné par un leude, Hermanfried, qu'il avait dépouillé de ses biens (681).

Quoique dur et ambitieux, Ébroïn fut l'homme d'État le plus habile de son temps. Son gouvernement, pour n'avoir pas été exempt de cruautés inexcusables et de sévérités inutiles, n'en a pas moins été l'un des meilleurs et les plus féconds de cette période.

SAINT OUEN, *évêque de Rouen.* — Saint Ouen fut l'un des membres les plus illustres du clergé du septième siècle et l'un des derniers représentants de ce grand épiscopat gallo-romain qui a donné tant d'évêques célèbres par leur science et leurs vertus. Il était né dans les environs de Soissons, à Sancy, en 609.

Chancelier du roi Dagobert, il fonda l'abbaye de Rebais (634), puis fut élu évêque de Rouen (640). Il gouverna cette église jusqu'à l'année de sa mort. Quelques mois avant sa fin, il se retira à Clichy, près de Paris (aujourd'hui Saint-Ouen), où il mourut le 24 août 683. Dix années après, son corps fut transporté à Rouen, dans la basilique qui porte son nom.

Saint Ouen est l'auteur d'une vie de saint Éloi, le célèbre argentier de Dagobert, évêque de Noyon.

PASCHASE RADBERT, *théologien et abbé.* — Paschase Radbert, l'un des théologiens les plus célèbres du moyen âge, fut élevé pendant son enfance par les religieuses de Notre-Dame de Soissons, où il était né vers 825. Dès qu'il eut l'âge requis par les canons de l'Église, il prit l'habit monastique à l'abbaye de Corbie. Quoiqu'il ne fût que diacre, et jamais d'ailleurs il ne fut ordonné prêtre, il ne tarda pas à être élu abbé. Il mourut en 865, sans avoir jamais eu d'autre dignité.

Savant théologien, esprit distingué mais mystique, Radbert a laissé de nombreux ouvrages dogmatiques dont le plus célèbre est le *Traité du corps et du sang de Notre-Seigneur Jésus-Christ*, qui souleva les contradictions les plus violentes. Ses querelles avec le moine Ratramne et Jean Scott Érigène sur la nature de l'Eucharistie et la naissance du Christ ont peut-être plus contribué que ses travaux à rendre son nom fameux dans l'histoire de la Scolastique.

LOUIS IV D'OUTRE-MER, *roi de France.* — Ce prince, fils de Charles le Simple et d'Ogive, sœur d'Athelstane, roi d'Angleterre, était né à Laon en 921. Pour le mettre à l'abri des malheurs qui accablaient son père, sa mère l'emmena en Angleterre et de là lui vint son surnom. A la mort de Raoul, Hugues de France le rappela pour l'élever sur le trône.

Sacré à Laon par Artaud, évêque de Reims, en 937, il régna pendant plus de dix-huit ans. Il lutta avec courage contre les Hongrois qui avaient envahi notre pays, puis contre les Allemands, plus tard contre les Normands et toujours contre ses grands vassaux auxquels il ne put jamais imposer son autorité. Sans puissance réelle malgré son titre, il mourut le 15 octobre 954, des suites d'une chute de cheval entre Laon et Reims.

LOTHAIRE, *roi de France.* — Fils du précédent, il était né comme lui à Laon (941). Il succéda à son père en 954. Ce malheureux monarque, roi de nom, s'épuisa à vouloir ressaisir quelque autorité. Pendant la vie de Hugues le Grand, il ne fut, à vrai dire, que son lieutenant. Après la mort de ce puissant seigneur, Lothaire eut quelques années de tranquillité.

En 975, ayant attaqué la Lorraine, il fut repoussé par Othon-le-Grand qui, à son tour, envahit la France et conduisit son armée jusque sous Paris. Le jeune Hugues Capet contraignit les envahisseurs à quitter le bassin de la Seine et Lothaire les poursuivit, les battit auprès de Soissons et les rejeta en Lorraine. Il vécut encore quelques années, sans pouvoir et sans ressources, voyant grandir sans cesse la puissance de son cousin Hugues Capet. Il mourut à Compiègne, à l'âge de quarante-cinq ans, empoisonné, dit-on, par sa femme (986).

LOUIS V, *roi de France.* — Ce monarque, fils de Lothaire, naquit aussi à Laon (966). Son père l'associa au trône en 979 et partagea avec lui sa modeste couronne. Marié à Blanche d'Aquitaine, il ne régna seul que pendant quelques mois qui se passèrent en querelles domestiques.

Lothaire, en mourant, l'avait recommandé à Hugues Capet. Le puissant duc de France, dont cette recommandation naïve n'était pas faite pour entraver les projets, n'eut pas même besoin de déposer ce malheureux prince pour prendre sa place. Il fut empoisonné, au mois de juin 987, par sa femme Blanche et enterré dans l'abbaye de Saint-Corneille à Compiègne.

ANSELME DE LAON, *professeur et théologien.* — Anselme de Laon, qui vivait à la fin du onzième et au commencement du douzième siècle, débuta comme professeur de théologie à l'Université de Paris. Revenu dans son pays, il devint doyen et archidiacre et dirigea pendant près de cinquante ans une école célèbre dans laquelle étudièrent Abélard et Guillaume de Champeaux (1).

Il jouit d'une grande notoriété dans son temps et laissa de nombreux ouvrages sur les livres saints. Pourtant Abélard, qui devint l'un des adversaires de son ancien maître, le traite fort mal. Il en parle comme d'un homme sans mérite, qui aurait dû toute sa réputation à une chance inexplicable. Il prétend qu'il n'avait ni mémoire, ni jugement solide, que c'était « un arbre qui avait quelques belles feuilles mais qui ne portait pas de fruits. » Il convient d'ajouter que d'autres écrivains ecclésiastiques parlent d'Anselme beaucoup plus favorablement.

Il mourut en 1117 et fut enterré dans l'abbaye de Saint-Vincent.

THOMAS DE MARLE, *seigneur féodal.* — Ce per-

---

(1) Célèbres philosophes du moyen âge.

sonnage célèbre surtout par le concours qu'il prêta aux bourgeois de Laon, lors de la révolution communale (1), naquit à Couci dans la seconde moitié du onzième siècle. A vrai dire, c'était un illustre voleur de grands chemins, saccageant tout, ne respectant rien, pas même les biens des églises qui, à cette époque, étaient considérées comme les biens des pauvres. Aussi, quoiqu'il fût parti en 1096 avec les premiers Croisés, le concile de Beauvais l'excommunia en 1114 et le roi Louis VI lui confisqua son comté d'Amiens. Pour rentrer en grâce près du roi et en communion près de l'Église, il dota l'abbaye des Prémontrés (1118). Mais, fatigué des nouveaux brigandages de Thomas de Marlo, Louis le Gros envoya Raoul de Vermandois l'assiéger dans Couci. Thomas blessé fut pris dans une sortie ; on le conduisit à Laon où il mourut des suites de ses blessures (1130).

Son petit-fils, Raoul de Couci, fut, dit-on, le héros de la fameuse histoire de la dame de Fayel. Écuyer de Philippe-Auguste, ce Raoul se distrayait des soucis de la guerre par des poésies anacréontiques qu'il adressait à cette belle dame. Il fut tué au siège d'Acre, mais avant de mourir, il avait donné l'ordre à son page de porter son cœur à cette personne. Malheureusement, le sire de Fayel intercepta le message et fit manger à sa femme le cœur de Raoul.

ENGUERRAND III, *seigneur de Couci*. — Cet Enguerrand, né vers la fin du treizième siècle à Couci, fut l'un des seigneurs les plus turbulents de l'époque. Après avoir agrandi son château et en avoir accru beaucoup les moyens de défense, il partit en Flandres avec Philippe-Auguste et prit une part glorieuse à la bataille de Bouvines (1214). L'année suivante, il suivit le fils du roi dans son expédition en Angleterre. Rentré en France, il se conduisit de telle façon envers l'Église de Laon, ravageant ses terres, emprisonnant son doyen, etc., que le pape Honoré III l'excommunia. Sous saint Louis, il se ligua avec le roi d'Angleterre et le duc de Bretagne contre le jeune roi. On songea même à transférer la couronne sur sa tête, mais la prudence de Blanche de Cas-

---

(1) Voyez page 13.

tille fit échouer le complot. Couci, fatigué et devenu sage, revint chez lui et servit fidèlement le roi jusqu'à sa mort (1243).

Son fils fut le héros d'une aventure qui prouve que, même à cette époque, la justice royale n'était pas tout à fait lettre morte. Ce jeune homme, passionné pour la chasse, avait fait pendre trois clercs de l'abbaye de Saint-Nicolas de Laon, surpris en chassant sur ses terres. Saint Louis en fut si indigné qu'il voulut faire appliquer le même traitement à Couci et le faire pendre. Celui-ci ne dut son salut qu'aux supplications de ses parents et le roi ne lui fit grâce que moyennant une très grosse amende qu'on employa à des œuvres pieuses ou charitables.

ENGUERRAND VII, *seigneur de Couci.* — Ce personnage, qui appartient à la seconde branche des seigneurs de Couci, fut l'un des hommes politiques les plus considérables du milieu du quatorzième siècle. Après la bataille de Poitiers, il fut chargé d'aller en Angleterre négocier la délivrance du roi Jean le Bon. Ses manières séduisirent à ce point le roi Édouard III et sa fille que celle-ci l'épousa. Couci fut fait comte de Bedford et reçut en dot le comté de Soissons.

Quand la guerre se ralluma, pour ne pas prendre parti entre son roi et son beau-père, il passa en Lombardie et s'employa activement pour rétablir la paix. N'ayant pas réussi, il prit les armes et se mit au service de Charles V. Il reprit Cherbourg et Carentan aux Anglais. A la mort de Duguesclin, le roi lui offrit l'épée de connétable, mais Couci s'effaça et conseilla de la donner à Olivier de Clisson. Il fut fait gouverneur de Picardie et, en 1384, Charles VI le nomma *grand bouteiller de France* (1).

En 1395, il partit avec une expédition organisée contre les infidèles. Mais l'armée des chrétiens fut battue à Nicopolis (1396) et Couci fait prisonnier. Il mourut en captivité (1397).

---

(1) C'était le chef du service chargé de la surveillance de tous les lieux publics. Il avait la juridiction suprême pour les contraventions aux règlements sur la matière. Il était aussi intendant du Trésor royal.

LAHIRE, *(Etienne de Vignolles, dit).* — Bien qu'on ne soit pas fixé sur le lieu de naissance d'Etienne de Vignolles, plus connu sous le nom de Lahire, il paraît être originaire du Soissonnais, probablement de Courmelles où il aurait vu le jour vers l'an 1400. Quoi qu'il en soit, ce fut dans le Laonnais qu'il fit ses premières armes. Animé d'une haine farouche contre les Anglais, il se mit dès l'âge de dix-huit ans au service du dauphin et se distingua par ses exploits en Champagne et en Picardie.

En 1429, il se joignit à Jeanne d'Arc lorsque l'héroïne partit pour faire lever le siège d'Orléans. Il combattit à ses côtés et elle exerça la plus heureuse influence sur l'écorce un peu rude de Lahire. Nommé bailli du Vermandois, il reprit aux Anglais Château-Gaillard, puis Louviers, mais, assiégé à son tour dans cette ville, il tomba aux mains de l'ennemi. Rendu à la liberté en 1432, il reprit sa vie de chef de partisans. Avec son compagnon Antoine de Chabannes, il désola par ses ravages et de véritables actes de brigandage les régions qu'il traversait avec ses bandes, sans faire grande distinction entre les pays amis et ennemis.

Cette manière de vivre sur l'ennemi n'alla pas sans quelques désagréments pour lui. C'est ainsi qu'ayant pris par trahison le sire d'Offémont et ne l'ayant lâché que contre une grosse rançon, celui-ci se mit à sa poursuite, le harcela dans toute la Picardie et finit par l'assiéger et le prendre dans Beauvais. Il ne lui rendit la liberté qu'aux plus dures conditions.

Jusqu'à sa mort, Lahire guerroya sans cesse et partout. Caractère sans scrupules, d'une énergie indomptable et d'une bravoure sans égale, il resta néanmoins fidèle au roi Charles VII qui le considéra toujours comme l'un de ses meilleurs soldats, sans oser pourtant lui confier un grand commandement. Peu d'hommes contribuèrent plus que lui à délivrer le territoire de l'invasion anglaise et à rétablir le roi dans tous ses Etats. Ce fut pendant un voyage de Charles VII en Guyenne que Lahire, qui l'accompagnait, mourut au château de Montauban (1447).

HENNUYER DE LA MOTTE, *évêque et théologien.* — Hennuyer de la Motte, né à Saint-Quentin en 1497, occupa une très grande situation dans les ordres ecclésiastiques. En sortant du collège de Navarre (1), à Paris, il débuta comme précepteur d'Antoine de Bourbon. On ne connaît pas bien son histoire jusqu'au jour où il devint confesseur d'Henri II (1552). On sait seulement qu'il entra dans un ordre monastique, vraisemblablement l'ordre de saint Dominique.

Il paraît avoir joui d'une grande faveur à la cour de Henri II. Confesseur du roi, puis de Catherine de Médicis et de Diane de Poitiers, déjà doyen du chapitre de Saint-Germain l'Auxerrois, il fut nommé évêque de Lodève en 1557, puis transféré au siège de Lisieux en 1558. On lui a parfois attribué le mérite d'avoir sauvé les protestants de cette ville lors de la Saint-Barthélemy, mais rien ne justifie cette histoire et en fait, au contraire, il se montra toujours l'adversaire ardent et convaincu des réformés. Cet illustre prélat mourut en 1577, doyen de la Faculté de Paris.

RAMUS, *professeur, philosophe et grammairien.* — Pierre de la Ramée, plus connu sous son nom latinisé, Ramus, était originaire des environs de Saint-Quentin où il naquit en 1525. Fils d'un malheureux gentilhomme que la misère avait réduit à l'état de charbonnier, Ramus dut gagner sa vie dès son enfance. Il se plaça comme petit domestique au collège de Navarre. Là, consacrant à l'étude tous les loisirs que lui laissait son service, et profitant de l'enseignement donné dans la maison, il fit de si rapides progrès qu'à vingt et un ans il obtint le titre de maître-ès-arts avec une thèse paradoxale dans laquelle il soutenait qu'Aristote (2) n'avait commis que des erreurs. Malgré l'indépendance dont témoignait un pareil sujet, le côté primesautier, original et brillant de l'esprit de Ramus séduisit le jury et le candidat fut reçu.

Nommé professeur, il fit table rase des vieilles méthodes d'enseignement et déclara qu'au-dessus de l'autorité d'Aristote, il y avait le bon sens et la raison. Il

---

(1) C'était le collège qui est devenu aujourd'hui le lycée Saint-Louis, à Paris.

(2) Écrivain grec, dont les théories sur la philosophie, l'éloquence et les sciences, faisaient autorité auprès des savants et des professeurs du moyen âge et même de la Renaissance.

condensa sa doctrine dans deux traités qui irritèrent tellement les maîtres de la Sorbonne qu'ils dénoncèrent leur auteur au roi François Ier. L'affaire se termina par un arrêt ordonnant la destruction des deux ouvrages et interdisant à Ramus d'enseigner la philosophie.

Si sa science et son indépendance lui avaient fait beaucoup d'ennemis, elles lui avaient aussi concilié de puissants protecteurs. L'un d'eux, le cardinal de Lorraine, obtint pour lui la charge de principal du collège de Presles et, à l'avènement d'Henri II, fit rapporter le ridicule arrêt qui avait frappé l'illustre professeur. En 1551, il fut chargé de la chaire de philosophie au Collège de France. Dans ce poste élevé, il eut la satisfaction de faire triompher, malgré l'hostilité de la Sorbonne, les réformes qu'il préconisait dans l'étude de la philosophie et des langues grecque et latine pour lesquelles il composa de nouvelles grammaires.

Après le colloque de Poissy (1561), Ramus avait embrassé avec ardeur la cause du Calvinisme ; il prit une part active aux manifestations des chefs du parti. Jusqu'à la paix de Saint-Germain (1570), il vécut proscrit, tantôt caché, tantôt à l'armée du prince de Condé. Il profita de ses loisirs forcés pour faire un grand voyage en Allemagne, en Pologne, en Hongrie et en Suisse, à travers les Universités qui le comblèrent d'honneurs.

Quand il revint à Paris, le roi lui laissa son traitement, mais lui défendit d'enseigner. Il se retira dans son collège de Presles où il fut assassiné dans la nuit de la Saint-Barthélemy (24 août 1572). Les meurtriers jetèrent son cadavre par la fenêtre et le traînèrent à la Seine.

Ramus fut le plus illustre des professeurs du seizième siècle. Il laissa sur la philosophie, la grammaire et les mathématiques des ouvrages qui ont longtemps fait autorité. Si l'orthographe phonétique qu'il recommandait, n'a pas prévalu, il n'a pas moins fait accepter nombre de réformes grammaticales ; ce fut lui qui distingua les trois e (e, é, et è) et aussi le j et le v de l'i et de l'u avec lesquels on les confondait précédemment. Esprit clair et précis, il était l'ennemi des hypothèses dans les sciences et des subtilités en philosophie. Très opiniâtre et très austère « il avait, dit un de ses biographes, une âme forte et préparée à tout événement ; sans orgueil dans la prospérité, le malheur ne pouvait l'abattre... Il savait pardonner les injures et il avait l'habitude de ne point répondre à ses adversaires, s'efforçant de surmonter par une longue patience l'extrême emportement de leurs attaques. »

ANTOINE DE BOURBON, *roi de Navarre*. — Ce prince, né à La Fère le 21 avril 1528, était le second fils de Charles de Bourbon et de Françoise d'Alençon, ancienne duchesse de Longueville. Il épousa Jeanne d'Albret et devint ainsi, par le fait de son mariage, roi de Navarre (1548). Il fut le père d'Henri IV.

Il occupa toujours une grande place dans les affaires de la cour de France. A la mort de François II, il fut nommé lieutenant-général du royaume et, dans la guerre civile dont le massacre de Vassy donna le signal (1562), il fut mis à la tête de l'armée catholique et dirigea les opérations contre les protestants. Ce fut dans cette campagne qu'il mourut (17 novembre 1562), des suites d'une blessure reçue au siège de Rouen. Esprit indécis et faible, il était presque aussi détesté des catholiques, qui suspectaient ses intentions, que des protestants, qui voyaient en lui un renégat à leur cause.

LOUIS DE BOURBON, *prince de Condé.* — Louis de Bourbon, premier prince de Condé, était le frère cadet du précédent ; comme lui, il était né à La Fère (1530). Il débuta comme soldat en prenant une part glorieuse à la défense du territoire envahi par Charles-Quint ; il assista au siège de Metz (1552) et aux batailles de Renty (1554) et de Saint-Quentin (1557).

Converti au protestantisme, il devint l'un des chefs du parti. Il fut l'un des organisateurs de la conspiration d'Amboise que ses amis payèrent de leur tête. Arrêté lui-même aux États-Généraux d'Orléans, il ne dut sans doute son salut qu'à la mort de François II.

Charles IX le remit en liberté et lui rendit son gouvernement de Picardie, mais le fougueux protestant ne put rester tranquille. Le massacre de Vassy fit éclater une ardeur qu'il contenait à grand'peine. Il prend les armes, lève des troupes, traite avec Élisabeth, s'empare d'Orléans, enlève Beaugency et marche sur Paris. Il est battu à Dreux et fait prisonnier; il ne fut délivré que par la paix d'Amboise (mars 1563).

Cette mésaventure ne diminua point son activité et, pour protéger les réformés contre la haine de Charles IX, il ne songea rien moins qu'à l'enlever. Il faillit réussir dans un coup de main contre le château de Monceaux en Brie. Charles IX s'échappa à grand'peine. La paix de Longjumeau ne fut même pas une trêve et la guerre civile entra dans sa troisième phase, plus ardente et plus impitoyable que jamais. Les protestants furent défaits à Jarnac, le 13 mars 1569, et c'est dans cette journée que périt Louis de Bourbon, tué par M. de Montesquiou, capitaine aux gardes du duc d'Anjou.

JEAN BERTAUT, *poète élégiaque.* — Jean Bertaut, né à Laon (1552), fut un type accompli d'abbé de cour. Il acquit dès sa jeunesse une certaine réputation par des poésies galantes qui ne furent pas sans l'aider pour son avancement dans l'état ecclésiastique. Il reçut d'Henri IV l'abbaye d'Aulnay, près Bayeux. Devenu aumônier de Marie de Médicis, il fut élevé, en 1606, au siège épiscopal de Séez. Il mourut le 8 juin 1611.

Contemporain de Ronsard et de Desportes, Bertaut eut plus de réserve que le premier et plus de force que le second. C'est de lui que parle Boileau dans l'*Art poétique*, en disant à propos de Ronsard :

> Ce poète orgueilleux, trébuché de si haut
> Rendit plus retenus Desportes et Bertaut.

Ses élégies et ses pastorales, pleines de douceur et de grâce, méritent de n'être pas oubliées. En devenant vieux, il abandonna les sujets légers, mais sans renoncer à la poésie; il composa des hymnes et traduisit des psaumes en vers. Quoique mélancolique dans le fond et un peu précieux dans la forme, Bertaut n'en fut pas moins un bon poète, comme le prouvent ces quelques vers maintes fois cités :

Félicité passée
Qui ne peut revenir !
Tourment de ma pensée,
Que n'ai-je, en te perdant, perdu le souvenir !
Hélas ! il ne me reste
De mes contentements
Qu'un souvenir funeste,
Qui me les convertit à toute heure en tourments !
Le sort plein d'injustice
M'ayant enfin rendu
Ce reste un pur supplice,
Je serais plus heureux, si j'avais tout perdu.

CHARLES DE LORRAINE, duc de Mayenne. — Le célèbre chef de la Ligue, second fils du duc François de Guise, naquit à Soissons en 1554 et y mourut en 1611. Catholique ardent, il se fit la main en combattant contre les huguenots dans les diverses guerres de religion et en suivant Don Juan d'Autriche contre les Turcs.

Dès l'avènement d'Henri III, Mayenne occupa une grande place dans les préoccupations du roi. Il fut mis à la tête de l'armée chargée de combattre les huguenots et il s'acquitta de sa mission avec une ardeur qui ne se démentit jamais. Les protestants lui inspiraient une haine incroyable. Aussi s'indigna-t-il avec tous les membres de sa famille contre la paix de 1577 et la politique d'apaisement qu'elle semblait inaugurer; il fut l'un des organisateurs de la Ligue. Lorsque Henri III voulut en finir avec cette turbulente association et réunit les États-Généraux à Blois; l'ordre d'arrêter Mayenne fut donné en même temps que celui de tuer le duc de Guise : mais, prévenu à temps, il s'enfuit et alla soulever la Bourgogne (1589).

Proclamé chef de la Ligue et lieutenant-général du royaume, il organisa l'insurrection, mais les troupes royales conduites par Henri III et le roi de Navarre battirent les siennes près de Senlis et vinrent mettre le siège devant Paris. Le 1er août, Henri III fut assassiné et le futur Henri IV, abandonné d'une partie de l'armée, dut se retirer.

Mayenne n'osa pas prendre la couronne comme on le lui proposait, mais il fit proclamer le vieux cardinal de Bourbon sous le nom de Charles X. Pour confirmer ce choix, il fallait maintenant écraser l'héritier légal de la couronne, Henri IV. C'était d'autant moins facile que les principaux lieutenants de Mayenne, fatigués de la guerre, écoutaient favorablement les propositions du nouveau roi. Le chef de la Ligue repoussa pour sa part toute tentative de réconciliation et se remit en campagne. Il fut battu à Ivry (14 mars 1590) et Paris fut de nouveau assiégé.

Mayenne ne perdit point courage; il alla quêter des secours en Flandre et recommença la guerre. Mais tout le monde aspirait après la paix. Mayenne lui-même dut se résigner et même calmer le zèle des intransigeants de son parti. Il convoqua les États-Généraux dans l'espoir de faire payer le plus cher possible à Henri IV le désarmement de la Ligue. Mais sur ces entrefaites, le Béarnais abjura et entra dans Paris sans rien accorder aux chefs de la Ligue. Mayenne, furieux de se voir ainsi joué, essaya de rallumer la guerre, mais il se heurta à une indifférence absolue. Il dut faire la paix (1596). Sa réconciliation avec Henri IV fut complète; il reçut d'ailleurs, outre 250,000 écus d'or, le gouvernement de l'Ile de France.

Il vécut désormais loin des affaires publiques et ne sortit qu'une fois de sa retraite, à la mort d'Henri IV, pour demander la destitution de Sully. Il mourut un an après, en 1611.

CHARLES DE BOURBON, *cardinal de Vendôme.* — Ce prince, quatrième fils de Louis de Bourbon, était né à Gandelu le 30 mars 1562. Pourvu de riches abbayes, il fut promu cardinal, en 1589, avant même d'être ordonné prêtre. A la mort de son oncle le cardinal de Bourbon, archevêque de Rouen (1590), il fut nommé à sa place. Il devint ensuite abbé de Saint-Germain-des-Prés, à Paris, où il mourut le 30 juillet 1594.

Esprit intrigant mais sans valeur, il se lança dans la politique au beau temps de la Ligue; il essaya même, sans succès, de former un tiers-parti. Il avait l'espoir secret de se faire reconnaître pour roi, mais l'abjuration d'Henri IV ruina toutes ses espérances qui, d'ailleurs, n'avaient pas de fondements bien sérieux.

Les frères **LENAIN,** *peintres.* — Les trois frères

Antoine, Louis et Mathieu Lenain, sont originaires de Laon, où ils virent le jour les deux premiers dans la seconde moitié du seizième siècle, probablement en 1578 et en 1595, et le plus jeune en 1607. On connaît mal l'histoire de leur vie; on sait seulement que tous trois furent de l'Académie de peinture et que les deux aînés y furent reçus lors de la fondation de cette société. Ils moururent l'un et l'autre en 1648, et Mathieu leur survécut près de trente ans jusqu'en 1677.

Les Lenain furent trois artistes de mérite, mais l'on est si mal éclairé sur leur compte que, dans ce qu'on connaît de leurs œuvres, on distingue difficilement ce qui revient à chacun d'eux. Il semble pourtant qu'Antoine réussissait plus particulièrement les miniatures, Louis, qu'on avait surnommé le Romain, les portraits, et Mathieu les tableaux d'histoire et les grandes compositions.

Leur manière n'était pas très estimée de leurs contemporains. « Elle était peu noble, dit un critique du temps, et représentait souvent des manières simples et sans beauté. » Mais le triomphe de l'école de peinture réaliste de notre siècle, dont les Lenain furent comme les précurseurs, a remis en lumière leur talent trop dédaigné. Les tableaux authentiques sur lesquels on peut les juger, ne sont malheureusement pas très nombreux. Il en existe quatre au musée du Louvre, mais les toiles qui passaient au dix-septième siècle pour leurs chefs-d'œuvre, le *Portrait de Marie de Médicis* et le *Couronnement de la Vierge*, sont disparues.

CÉSAR, *duc de Vendôme.* — César, fils naturel d'Henri IV et de Gabrielle d'Estrées, reçut le jour au château de Couci en 1594. Légitimé en 1595, il fut créé duc de Vendôme en 1598. Il épousa la fille du duc de Mercœur qui se défit en sa faveur de son gouvernement de Bretagne.

Dès sa première jeunesse, il montra sa légèreté et son inconséquence. Sous la régence de Marie de Médicis, il prit part à toutes les intrigues et à toutes les conspirations. Après mille aventures, il se décida à suivre Louis XIII dans sa campagne contre les huguenots. Au retour, il crut encore avoir à se plaindre de la cour et entra dans la conspiration de Chalais (1626). Arrêté avec son frère, le Grand-Prieur, il ne recouvra la liberté qu'en 1630 et encore à la double condition de renoncer à son gouvernement de Bretagne et de partir pour l'exil. Il resta plusieurs années hors de France, intriguant contre Richelieu. Rentré dans sa patrie, il se mêla à une nouvelle conspiration contre le cardinal et dut s'enfuir une seconde fois (1641).

Il revint après la mort de Louis XIII, et, homme mûr, il se conduisit envers la régente Anne d'Autriche, comme il l'avait fait, étant jeune, contre Marie de Médicis. Il se mit avec son fils, le duc de Beaufort, à la tête de la cabale des *Importants;* une même disgrâce les enveloppa. Il se réconcilia cependant avec Mazarin (1650), et reçut le gouvernement de Bourgogne et le titre de surintendant de la navigation.

Il employa les dernières années de sa vie un peu mieux que le reste. Il dirigea une partie des opérations maritimes et militaires contre les Espagnols et remporta sur leur flotte une victoire navale éclatante devant Barcelone. Il mourut en 1655, « laissant, dit un contemporain, la réputation d'un brouillon qui ne sut jamais se faire ni craindre, ni estimer. »

OMER TALON, *jurisconsulte et magistrat.* — Omer Talon, né à Saint-Quentin en 1595, fut l'un des plus beaux caractères de magistrat du dix-septième siècle. On peut dire de sa vie ce que Voltaire dit de ses mémoires, qu'elle fut celle d'un bon magistrat et d'un bon citoyen.

Fils d'un avocat au Parlement, il fut élevé dans les idées d'indépendance et d'opposition qui étaient celles de ce grand corps d'État. Reçu avocat en 1613, il se distingua bientôt par une éloquence simple et grave et par sa science du droit. Il était déjà célèbre lorsqu'il accepta, après de longues hésitations, la charge d'avocat général, dont son frère Jacques se démit en sa faveur (1631).

Nommé procureur général aux *Grands-jours* (1) de

---

(1) On désignait sous ce nom des tribunaux extraordinaires, représentant directement la justice royale, organisés de temps en temps par le roi pour réprimer les désordres qui pouvaient

Poitiers (1634), il obtint la charge de premier avocat général au Parlement en 1641. Il occupa ces hautes fonctions au milieu des agitations politiques qui, après la mort de Richelieu, préparèrent la Fronde. Quand elle éclata, Omer Talon, qui avait eu si souvent l'occasion de défendre les intérêts du peuple et les libertés du Parlement contre l'arbitraire royal, embrassa cependant le parti de la cour. Il est vrai que tout en étant profondément dévoué à la cause du roi, il ne cessa jamais de se montrer ferme, impartial, et de donner à la régente les meilleurs conseils, rappelant souvent que « la dignité de la couronne se mesure à la qualité de ceux qui lui obéissent. »

Quoique très religieux, il défendit avec énergie les libertés, franchises et maximes de l'Église gallicane (1) contre les empiètements de la papauté et contribua beaucoup à la jurisprudence anti-romaine du Parlement. Il mourut en 1652, entouré du respect général que lui avait mérité sa vie si intègre et si honnête.

VALÉRIEN DE FLAVIGNY, *professeur et théologien.* — Ce personnage, originaire du Laonnais, vint au monde vers la fin du seizième siècle. Reçu docteur en théologie (1628), il fut nommé professeur d'histoire au Collège de France (2) en 1630. Il occupa cette chaire pendant de longues années et fut considéré comme l'un des meilleurs hébraïsants de son temps.

Très versé dans les questions de théologie, il resta célèbre par l'ardeur toute juvénile qu'il apporta toujours à défendre ses propositions. Gallican (3) très décidé, il s'éleva vivement en maintes occasions contre

---

survenir dans une province, et surtout pour contenir et punir les exactions des seigneurs, qui, lorsqu'ils étaient trop éloignés de l'autorité centrale, ne ménageaient point assez leurs vassaux.

(1) On désignait par cette expression certaines libertés traditionnelles et certains droits particuliers appartenant à l'Église catholique en France et que le pape avait dû reconnaître. Ils furent résumés en quatre articles, dans la fameuse déclaration de 1682, rédigée par Bossuet.

(2) Établissement d'enseignement supérieur, fondé à Paris par François 1er.

(3) Ce nom désignait les partisans des droits de l'Église gallicane.

les atteintes que le pape essayait de porter aux droits du roi et du royaume.

Dans l'ordre religieux, Valérien de Flavigny fut chanoine de la cathédrale de Reims. Il mourut à Paris le 29 avril 1674.

MARQUETTE, *voyageur.* — Jacques Marquette, célèbre missionnaire du dix-septième siècle, était né à Laon. Entré dans l'ordre des jésuites, il se consacra à l'œuvre des missions de l'Amérique du Nord. Son nom est surtout attaché au premier voyage d'exploration fait en Louisiane. Parti du Canada en 1673 avec un Français nommé Jolyet, Marquette eut l'idée de descendre le cours du Mississipi. Les deux compagnons gagnèrent le fleuve par le lac Michigan et le Wisconsin (1) et le descendirent jusqu'au golfe du Mexique. Arrivés au terme de leur exploration, les voyageurs revinrent sur leurs pas, mais, tandis que Jolyet rentrait à Québec, Marquette s'arrêta sur les bords du lac Michigan pour évangéliser les tribus qui y habitaient. Il mourut en 1672 en rentrant au Canada.

Le comte de **PUYSEGUR,** *lieutenant-général.* — Jacques de Chastenet, comte de Puységur, naquit au château de Bernouville, près de La Ferté-Milon, en l'an 1600. Destiné par sa situation à la carrière des armes, il débuta dans les gardes en 1617, puis passa aux mousquetaires. Capitaine-major du régiment de Piémont en 1632, il ne devint maréchal de camp qu'en 1655. Il quitta le service comme lieutenant-général en 1658 (2).

Il avait servi le pays pendant quarante ans et conquis tous ses grades ; il avait assisté à plus de cent vingt

---

(1) Le lac Michigan est situé au nord des États-Unis ; il communique avec le lac Huron et baigne les états du Michigan, du Wisconsin, de l'Illinois et de l'Indiana ; Chicago est construit sur ses bords, au sud. — Le Wisconsin est un affluent de la rive gauche du Mississipi. — Québec est la capitale du Canada.

(2) C'était le grade le plus élevé de l'armée ; il correspondait à notre grade de général de division. Il n'y avait au-dessus que la dignité de maréchal de France.

sièges et à plus de trente batailles rangées sans avoir jamais été blessé. Malgré ses services, sa fortune militaire fut médiocre. Il n'était pas courtisan et sa raideur de langage lui fit du tort. Il nous a laissé un témoignage de sa franchise d'opinion dans ses *Mémoires*, ouvrage estimé rempli de considérations militaires fort remarquables.

Il mourut à Bernouville le 4 septembre 1682. Il fut le père du maréchal de Puységur.

LUC D'ACHÉRY, *savant bénédictin.* — Luc d'Achéry, l'un des membres les plus notables du célèbre ordre de Saint-Benoît, de la congrégation de Saint-Maur, vit le jour à Saint-Quentin, en 1609. Il consacra toute sa vie à l'étude. Il vécut dans la retraite la plus entière, « ne sortant presque point, dit l'un de ses biographes, se communiquant fort peu, évitant les visites et les conversations inutiles. » Il mourut à soixante-seize ans, le 16 avril 1685, à l'abbaye de Saint-Germain-des-Prés, à Paris.

Aussi érudit qu'on pouvait l'être à son époque, Luc d'Achéry édita un grand nombre de manuscrits restés inconnus jusque-là. Sous ce titre général, *Spicilegium* (1), il réunit une multitude de documents inédits et précieux pour l'histoire du moyen âge, faisant précéder chacun d'eux d'études judicieuses qui témoignent combien leur auteur avait l'esprit critique, sagace et cultivé.

FRANÇOIS BLONDEL, *architecte et ingénieur.* — François Blondel, sieur des Croisettes, né à Ribemont en 1617, eut une existence très remplie. Ingénieur, architecte et mathématicien, il débuta comme professeur de sciences du jeune comte de Brienne; il eut ensuite le même emploi auprès du Grand Dauphin (2). Aimant les voyages, il accepta de nombreuses missions à l'étranger. Il parcourut la plupart des cours de l'Europe,

---

(1) Mot latin, qui veut dire *recueil*, mais dont le sens propre est *glanage*.
(2) C'était le fils de Louis XIV; il était né en 1661 et mourut à cinquante ans, sans avoir régné.

visita tout le Levant et fut même chargé d'une mission pour l'Amérique du Sud. Appartenant à l'arme du génie, il gagna ainsi dans les services publics le grade de maréchal de camp (1). Nommé directeur de l'Académie d'architecture, il fut élu membre de l'Académie des sciences en 1669.

Il mourut le 22 janvier 1686. Il laissa des livres très estimés sur les mathématiques, l'architecture, les fortifications et la balistique militaire. Ce fut lui qui construisit la Porte Saint-Denis en 1674.

PIERRE LE GIVRE, *médecin.* — Pierre Le Givre est un médecin connu par ses études sur les propriétés des eaux minérales et qui laissa d'importants ouvrages écrits sur ces questions. Il était né à Charly en 1618. Il alla étudier la médecine à Paris et fut médecin de l'hôpital de la Charité. Il alla ensuite se fixer à Noyen en Bourgogne, puis à Provins où il mourut en 1684, entouré de l'estime générale.

JEAN DE LA FONTAINE. — L'arrondissement de Château-Thierry a l'honneur d'avoir donné naissance aux deux plus grands poètes du dix-septième siècle, Racine et La Fontaine. C'est à Château-Thierry même, dans une maison appartenant aujourd'hui à la ville, que notre grand fabuliste vit le jour, le 8 juillet 1621. D'origine modeste, il était fils d'un petit fonctionnaire des eaux et forêts et de Françoise Pidoux, fille elle-même du bailli de Coulommiers. Il fit d'assez mauvaises études qu'il acheva tant bien que mal à l'Oratoire de Reims, ville pour laquelle il eut toujours la plus vive admiration.

> Il n'est cité que je préfère à Reims
> C'est l'ornement et l'honneur de la France...

dit-il dans un de ses contes.

De retour chez son père, rien ne révélait encore le génie poétique de La Fontaine, quand la lecture d'une

---

(1) Grade qui était à peu près l'équivalent de celui de général de brigade dans notre armée.

ode de Malherbe (1) éveilla chez lui le goût des vers. Il s'essaya en composant quelques petites pièces dans lesquelles il s'efforçait d'imiter le modèle qui l'avait séduit et surtout Voiture (2), le poète à la mode. Un chanoine de Reims, M. Maucroix, homme instruit et de bon goût, confident des essais poétiques du jeune La Fontaine, le détourna de ces imitations médiocres et lui conseilla de développer les richesses naturelles de son esprit par la fréquentation des anciens. Il suivit ce conseil et s'assimila si bien les mérites et les grâces des poètes de l'antiquité qu'au lendemain de sa mort, Fénelon (3), devançant le jugement de la postérité, a pu dire de lui : « Lisez-le et dites si Anacréon a su badiner avec plus de grâce, si Horace a paré la philosophie et la morale d'ornements plus variés et plus attrayants, si Térence a peint les mœurs des hommes avec plus de naturel et de vérité, si Virgile enfin a été plus touchant et plus harmonieux (4). »

Le père de La Fontaine, quoique très heureux des dispositions poétiques de son fils, pensa qu'il n'était pas inutile de donner au jeune homme une profession d'un rapport plus certain que celle de poète ; il lui transmit sa charge de maître des eaux et forêts. La Fontaine accepta pour être agréable à son père, de même que, pour ne pas déplaire à sa mère, il se laissa marier avec Marie Héricart, fille d'un lieutenant au bailliage de La Ferté-Milon. Il avait alors vingt-six ans. Aussi peu amoureux de son métier, qui l'ennuyait, que de sa femme, dont l'humeur exigeante n'était pas de nature à corriger l'indifférence de son mari, La Fontaine vécut pendant plusieurs années à Château-Thierry et peut-être son génie

---

(1) Poète français, né à Caen, en 1555, et qui, le premier, mit au service de la poésie une langue claire et un vers cadencé. Mort en 1628.

(2) Autre poète français, né à Amiens en 1598, qui, à cause de ses vers contournés et précieux, était fort admiré de son temps. On a, depuis, reconnu le mauvais goût de cette poésie. Mort en 1648.

(3) Archevêque de Cambrai, précepteur du duc de Bourgogne, auteur de *Télémaque* et d'un grand nombre d'ouvrages. Né en 1652, mort en 1715.

(4) Anacréon, poète lyrique grec. — Horace, poète lyrique latin. Térence, poète dramatique latin. — Virgile, poète épique latin, auteur de l'*Énéide*.

se serait-il étiolé dans la monotonie et l'obscurité de la vie de province, sans un événement qui eut pour lui les plus heureuses conséquences.

Dans l'une des péripéties de la Fronde, la duchesse de Bouillon fut exilée à Château-Thierry. On lui présenta le poète dont elle apprécia fort les essais. Rappelée à Paris, elle emmena La Fontaine, qui fut aussitôt présenté au procureur général Fouquet (1654). Il trouva près de ce grand personnage la protection la plus noble et la plus intelligente, et fit bientôt partie de la brillante société qui fréquentait l'hôtel du procureur général. Quand Fouquet, à la suite d'un caprice de Louis XIV, eut perdu ses titres, sa fortune et jusqu'à sa liberté, La Fontaine resta, comme Pélisson et plusieurs autres écrivains fidèle à cette grande infortune. Dans l'élégie aux *Nymphes de Vaux*, qui est l'un des chefs-d'œuvre de notre langue et qui fut en même temps un acte de courage très honorable pour à son auteur, le poète plaida, auprès du roi, la cause de celui dont-il avait reçu tant de bienfaits.

Après la disgrâce de Fouquet, La Fontaine trouva de généreux appuis auprès de madame de Bouillon et de la duchesse de Mortemart, mais Louis XIV qui venait ordinairement en aide avec munificence aux gens de lettres et aux savants, n'eut jamais de sympathie particulière pour le poète, soit qu'il n'aimât pas son genre, soit qu'il cédât à l'influence de Colbert qui ne pardonnait point à La Fontaine sa manifestation poétique en faveur de Fouquet. Heureusement notre fabuliste fu recueilli par une femme d'un esprit supérieur, madame de la Sablière, chez laquelle il trouva pendant vingt an une retraite honorable et sûre. Dans cet asile où la générosité de son hôtesse le combla des soins les plu délicats, il put se livrer à son aise à ses douces rêveries sans aucun souci de la vie matérielle. Situation très heureuse pour lui, car ayant complètement négligé se affaires, il était à peu près ruiné !

Sa famille même lui était presque aussi indifférent que le soin de sa fortune. On raconte que ses amis, Molière, Racine et Boileau lui reprochaient l'abandon dan lequel il laissait sa femme et son fils. Pour se rendre leurs observations, il partit pour Château-Thierry.

alla faire visite à sa femme en arrivant, mais ne l'ayant pas trouvée, il revint à Paris sans plus attendre. Il se borna à répondre à ceux qui l'interrogeaient sur son prompt retour : « Je suis allé pour voir ma femme, mais je ne l'ai point rencontrée ; elle était au salut. »

La distraction légendaire, et sans doute un peu amplifiée de La Fontaine, ne l'empêchait point de produire les œuvres qui ont fait sa réputation. Outre ses premières poésies de jeunesse, toutes d'une venue trop abondante et trop facile, il avait publié, en 1665, son premier volume de *Contes* en vers, le poème d'*Adonis* et le roman de *Psyché*. En 1668, il avait fait connaître les six premiers livres de ses fables et son second volume de *Contes* était paru en 1671. Resté silencieux pendant quelques années, il donna, en 1678, cinq nouveaux livres de *Fables* qu'il dédia à madame de Montespan, favorite du roi.

Cette dédicace un peu adulatrice et par laquelle il espérait pallier le mauvais effet de ses *Contes* sur l'Académie française ne l'empêcha pas d'échouer plusieurs fois à la porte de cette illustre assemblée. Enfin, en 1684, il fut élu contre Boileau. Le roi, que l'échec du poète satirique avait contrarié, prétendit que le succès de La Fontaine n'était dû qu'à une cabale ; il ne donna son adhésion à l'élection que sur les instances de Madame de Thianges, lorsque le *poète eut promis d'être sage* et seulement après que Boileau eût été élu. La promesse arrachée à La Fontaine ne l'empêcha point d'écrire encore quelques contes légers dans le goût de ceux qui avaient si fort offensé la réserve de l'Académie. Il les racheta en publiant un douzième livre de *Fables* qu'il dédia au duc de Bourgogne, dont la généreuse intervention assura le pain des derniers jours du grand fabuliste que la mort de sa protectrice, madame de la Sablière, avait laissé dans le plus grand embarras.

Il passa les dernières années de sa vie chez M. d'Hervart, conseiller au Parlement, qui avait recueilli l'infortuné vieillard. Se repentant des scandales que ses contes licencieux avaient pu causer et les expiant par les plus grandes austérités, il employa les dernières lueurs de son génie à la traduction en vers des livres saints. Il mourut le 13 avril 1695, dans sa soixante-quatorzième année.

On a trop souvent exagéré l'insouciance du caractère de La Fontaine, au point de laisser croire qu'il n'avait point conscience de son mérite et faisait des chefs-d'œuvre sans y penser. Rien n'est plus inexact que cette appréciation. La Fontaine était au contraire un esprit très mûr et très réfléchi, se rendant parfaitement compte du but qu'il poursuivait. Personne mieux que lui n'a précisé le caractère de ses fables :

> Tout parle en mon ouvrage et même les poissons ;
> Ce qu'ils disent s'adresse à tous, tant que nous sommes.
> Je me sers d'animaux pour instruire les hommes.

Et ce qui fait le charme particulier des leçons de cette philosophie si saine, de ce bon sens si robuste, c'est qu'elles sont renfermées dans des apologues dont la grâce enjouée est incomparable et qui sont écrits dans une langue aussi claire qu'harmonieuse ; jamais écrivain ne réunit plus complètement les qualités les plus diverses du poète, mais jamais poète n'a joui d'une renommée plus pure, plus constante et plus glorieuse.

DENIS DELAHAYE, *diplomate.* — Ce personnage était fils de Jean Delahaye, qui fut ambassadeur à Constantinople et resta pendant vingt-six ans dans ce poste difficile. Denis était né à Charly en 1625. Il entra dans la diplomatie et succéda à son père comme ambassadeur de France auprès du sultan. En butte à bien des tracasseries, il sut, au milieu d'une situation pleine de périls, faire respecter son titre d'envoyé de Louis XIV et aussi le pays qu'il représentait.

Nommé ministre extraordinaire en Bavière, en 1669, il séjourna à Munich pendant douze années et ce fut lui qui négocia l'affaire du mariage du Grand Dauphin avec la princesse de Bavière. Il quitta Munich pour prendre le poste d'ambassadeur à Venise. Il y resta jusqu'au moment où il prit sa retraite, en 1703. Il revint se fixer à Charly et ne mourut qu'en 1722, à l'âge de quatre-vingt-dix-huit ans.

JEAN RACINE, *poète dramatique.* — Jean Racine naquit à La Ferté-Milon, le 21 décembre 1649. Orphelin de père et de mère dès l'âge de cinq ans, il fut placé par l'un de ses oncles au collège, à Beauvais, puis à Port-Royal-des-Champs, où il eut pour maîtres les jansénites les plus célèbres (1). Son éducation le destinait à l'état ecclésiastique, mais ses goûts le poussaient vers un autre idéal. Il s'essaya dans la poésie et composa de petites pièces qui le firent remarquer de Boileau et de Chapelain, l'une des célébrités littéraires les mieux en cour à cette époque. Celui-ci recommanda le jeune poëte à Colbert et le ministre lui fit accorder une pension annuelle de 600 livres (1662). Ce fut alors qu'il se lança au théâtre où il devait remporter de si brillants succès.

Auteur d'une tragédie dont le sujet lui avait été inspiré par un roman grec, *Théagène et Chariclée*, Racine alla trouver Molière, déjà célèbre et qui dirigeait alors le théâtre construit par Richelieu au Palais-Royal. L'illustre comédien l'engagea à choisir un sujet plus dramatique et lui conseilla de traiter l'histoire de la rivalité d'Étéocle et de Polynice (2); il lui fournit même le plan de la pièce. Racine suivit ce conseil désintéressé; il se mit à l'œuvre et, en 1664, fit jouer avec succès *la Thébaïde ou les Frères ennemis*. C'était à Molière qu'il devait la plus grande partie de son triomphe. Il lui en fut peu reconnaissant et ne tarda point à se fâcher avec lui pour le restant de sa vie. En 1665, Racine écrivit une nouvelle tragédie, *Alexandre*, qui, malgré la froideur de l'intrigue et le vague des caractères, fait déjà présager l'auteur d'*Andromaque*.

C'est avec cette pièce que commença la série des chefs-d'œuvre qui ont immortalisé Racine. Après *Andromaque*, représentée en 1667, le poëte, en partie pour céder aux sollicitations de ses amis, en partie pour se venger de quelques ennuis personnels, composa sous ce titre, *les Plaideurs*, une comédie dans laquelle

---

(1) On désignait sous ce nom les catholiques qui avaient adopté les doctrines de Jansénius sur la grâce. Les plus illustres jansénistes furent Nicole, Arnauld, Pascal, de Sacy, etc. Ils avaient les jésuites pour adversaires.

(2) Deux frères qui, d'après la fable, se disputèrent le trône de Thèbes par les armes et s'entre-tuèrent.

il railla, avec autant de malice que d'esprit, les juges et les lenteurs procédurières de la justice de son temps. Après cette unique incursion dans le domaine de la comédie, il revint à la tragédie et fit jouer, en 1669, *Britannicus*, dont il avait emprunté le sujet à l'historien latin Tacite.

L'année suivante, sur la demande d'Henriette d'Angleterre, dit-on, il écrivit une nouvelle tragédie, *Bérénice*, pleine d'allusions à l'histoire récente des sentiments de cette princesse pour Louis XIV. Le vieux Corneille avait également été invité à faire une tragédie sur le même sujet et les deux grands hommes s'étaient trouvés ainsi engagés, à l'insu l'un de l'autre, dans une sorte de tournoi dont le vainqueur fut incontestablement Racine. Son âge, son genre et ses dispositions naturelles le préparaient mieux que son illustre rival, à traiter un sujet dont il fallait dissimuler la faiblesse dramatique sous l'élégance du style et l'heureuse expression des sentiments les plus tendres. Quelle que soit la part de la vérité dans cette anecdote, il est certain que la *Bérénice* de Racine remporta un grand succès, tandis que la tragédie de Corneille, *Tite et Bérénice*, échoua assez piteusement.

De 1672 à 1674, Racine fit représenter trois œuvres nouvelles, *Bajazet*, *Mithridate* et *Iphigénie en Aulide*, que Voltaire déclarait être le chef-d'œuvre de la scène tragique. Ces pièces portèrent à l'apogée la renommée littéraire de l'auteur. L'Académie française, en 1679, lui ouvrit ses portes. Il succéda à Lamothe le Vayer, ancien précepteur de Louis XIV, et prononça un discours de réception qui est resté l'un des modèles du genre.

En 1677, l'une de ses meilleures tragédies, *Phèdre*, succomba sous une cabale montée par quelques esprits médiocres, comme le duc de Nevers ou Madame Deshoulières, jaloux du succès de Racine, et qui, par haine contre lui, acclamèrent une méchante tragédie de Pradon sur le même sujet.

Découragé par cet échec, Racine abandonna le théâtre. Il renonça en même temps à la vie peu exemplaire qu'il avait menée jusque-là ; il épousa une personne d'une grande piété, mademoiselle de Romanet, qui développa chez lui les germes du mysticisme qu'avait laissés dans son esprit son éducation première. Cette femme, simple et vertueuse, qui poussa, dit-on, l'indifférence pour les choses de ce monde au point d'ignorer les œuvres de son mari, le lança dans une voie religieuse où Racine sembla d'ailleurs trouver quelques consolations de son échec au théâtre. Mais, si quelque chose contribua vivement à panser sa blessure, ce fut l'amitié du roi Louis XIV. Il le nomma son historiographe et ne cessa de témoigner au poète la plus grande faveur; il lui donna même la trésorerie de la généralité de Moulins. Racine sut également se concilier les bonnes grâces de la sévère madame de Maintenon; ce fut pour obéir à ses désirs que le poète sortit de son inaction et composa *Esther*, douze ans après *Phèdre*!

Cette tragédie, dont le sujet avait été emprunté à l'Ecriture sainte, avait été écrite pour être représentée par les jeunes filles de Saint-Cyr, que madame de Maintenon entourait d'une sollicitude sans égale. Elle fut néanmoins jouée d'abord à la Cour avec succès. On applaudit surtout les allusions ingénieuses de la pièce à la situation de madame de Maintenon envers Louis XIV. Après les transports d'admiration excités par *Esther*, Racine reçut l'ordre du roi de composer une nouvelle tragédie tirée également de la Bible et destinée au même théâtre de Saint-Cyr. Il écrivit *Athalie*, cette œuvre admirable dont l'on a pu dire avec justice qu'elle était le chef-d'œuvre de l'esprit humain.

Chose incroyable, *Athalie* ne rencontra d'abord qu'indifférence et dédain. Les contemporains ne surent pas l'apprécier. Racine, justement irrité, malgré les encouragements de Boileau l'assurant qu'*Athalie* était son meilleur ouvrage, renonça définitivement au théâtre. Il se consacra désormais tout entier à ses fonctions d'historiographe du roi; il écrivit une *Histoire du règne de Louis XIV*, dont le manuscrit a été malheureusement perdu dans un incendie; il n'en reste qu'un fragment racontant les événements de 1672 à 1678.

Toujours très en faveur à la Cour, il dut, pour obéir aux sollicitations de madame de Maintenon, écrire un *Mémoire sur la misère du peuple*, travail destiné à éclairer le roi sur les souffrances de ses sujets à cette époque. Le ton de l'ouvrage déplut à Louis XIV qui en témoigna à l'auteur tout son mécontentement. Racine ne survécut pas à cette disgrâce inattendue. Le chagrin qu'il en ressentit, développa chez lui une maladie qui le faisait souffrir depuis longtemps et dont il mourut le 21 avril 1699.

On lui a élevé, à La Ferté-Milon, sa ville natale, une statue, œuvre du grand sculpteur David d'Angers.

CHARLEVOIX, *historien et voyageur.* — Pierre François-Xavier de Charlevoix, jésuite connu, né à Saint-Quentin en 1682, fit partie des missions du Canada. Il partit de là pour remonter le Saint-Laurent et parcourir les grands lacs. Il explora ensuite l'Illinois, descendit le Mississipi et visita l'île de Saint-Domingue (1). De retour en France en 1722, il remplit divers emplois dans les maisons de son ordre et collabora longtemps au *Journal de Trévoux* (2). Il mourut en 1761 à La Flèche.

Charlevoix est peut-être plus connu comme historien que comme voyageur. Il est en effet l'auteur d'une douzaine de gros volumes d'histoire, écrits avec une incroyable prolixité et dans laquelle il témoigne d'une naïve crédulité, notamment dans son *Histoire et description du Japon* et dans l'*Histoire de Saint-Domingue.*

LECAT, *chirurgien.* — Lecat, illustre chirurgien du siècle dernier, naquit à Blérancourt en 1700. Sa famille le destinait à l'état ecclésiastique, mais ne se sentant aucune vocation, il commença d'abord ses études pour entrer dans le génie militaire, puis il se décida à faire de la chirurgie.

Il conquit ses grades devant la Faculté de Paris, puis alla s'installer à Rouen où il devint chirurgien en chef de l'Hôtel-Dieu en 1721. Ses travaux, couronnés par l'Académie de chirurgie, et surtout le nouveau procédé

---

(1) Le Saint-Laurent et le Mississipi sont deux grands fleuves de l'Amérique du Nord; l'Illinois est un des Etats qui font partie de la république des Etats-Unis; Saint-Domingue, appelé aussi Haïti, est une grande île de l'archipel des Antilles.

(2) Célèbre publication fondée par les Jésuites, en 1701, pour défendre les intérêts catholiques.

qu'il inventa pour l'opération de la taille de la pierre, attachèrent à son nom une véritable célébrité. Il fut élu membre libre de l'Académie. Il obtint l'autorisation d'ouvrir à Rouen un cours d'anatomie et un amphithéâtre de dissection et fonda dans cette ville une académie de médecine et de chirurgie.

Il mourut en 1768, ruiné par des expériences coûteuses et mis seulement à l'abri de la misère par une pension qui lui était servie par le roi depuis 1764.

QUENTIN LATOUR, *peintre de portraits.* — Quentin Latour, né à Saint-Quentin en 1704, entra pour apprendre la peinture dans l'atelier du peintre Louis Boullogne. Dessinateur admirable, Latour délaissa la peinture à l'huile et s'adonna tout à fait à un art qui était peu connu en France jusqu'à cette époque. C'était le dessin au pastel.

Le nombre de portraits qu'il dessina est incroyable ; il fut de mode dans la plus haute société d'avoir son portrait par Latour. C'est ainsi qu'il fut appelé à peindre le roi, la reine, Mme de Pompadour, Voltaire, Diderot, etc. Nous possédons encore la plupart de ces portraits, et la crainte de Diderot que le pastel ne résistât pas à l'action du temps et que le mérite de Latour fût perdu pour la postérité, ne s'est pas justifiée ; tous ces pastels ont conservé leur fraîcheur première.

Élu membre de l'Académie de peinture en 1744, nommé peintre du roi en 1750, sa fortune ne fut pas arrêtée par une indépendance de caractère dont il donna plus d'une preuve. C'est ainsi qu'il refusa d'achever les portraits des sœurs du roi, parce qu'un jour ces princesses l'avaient fait attendre et qu'il ne consentit à se déranger pour madame de Pompadour qu'à condition que, pendant les séances de pose, la porte de la favorite resterait fermée même au roi.

Dans sa vieillesse, il revint à Saint-Quentin. A la tête d'une grande fortune gagnée par son travail, il fonda une école de dessin dans cette ville et institua très généreusement plusieurs fondations pour les femmes pauvres et les artisans âgés. Il mourut en 1788. Sa ville natale lui a élevé une statue.

GOUGE DE CESSIÈRES, *poète*. — Ce personnage, qui vit le jour à Laon en 1724, fut successivement militaire, puis gouverneur du duc de Cadoval, enfin, après plusieurs années passées à Lisbonne, avocat du roi au présidial de Laon. Il mourut dans cette ville en 1782.

Il est connu par ses nombreuses pièces de vers, écrites dans un style élégant et facile, mais sans relief et sans personnalité. En dehors de quelques poèmes didactiques sur l'*Education* et le *Jardinage*, ses principales œuvres sont réunies sous le titre de *Poésies philosophiques*. C'est dans ce recueil que se trouve une épître bizarre dans laquelle Gouge prétend que les écrits de Molière et de La Fontaine sont remplis d'incorrections.

PIGNEAU DE BÉHAINE, *voyageur*. — Pigneau de Béhaine passa la plus grande partie de sa vie en Cochinchine et fut l'un des premiers européens qui essayèrent de coloniser le pays. Il était originaire d'Origny, où il naquit en 1741.

Missionnaire en Cochinchine, évêque *in partibus infidelium* d'Adran, puis vicaire apostolique, il eut l'occasion dans une insurrection de sauver la vie du prince Nguyen-Ahn. Celui-ci s'attacha à Pigneau par reconnaissance, et, lorsqu'il fut devenu maître de la basse Cochinchine, il l'appela près de lui et en fit son premier ministre.

Une guerre malheureuse détruisit la puissance de Nguyen-Ahn. Il chargea son ministre d'aller demander des secours au roi Louis XVI. Pigneau fit le voyage et le gouverneur de Pondichéry (1) reçut l'ordre de préparer une expédition. Les troupes françaises débarquèrent en Cochinchine, chassèrent les ennemis de Nguyen-Ahn et rétablirent l'ordre (1789).

Pigneau de Béhaine, redevenu ministre, organisa le pays qui, grâce à son intelligente administration, fit de rapides progrès vers la civilisation européenne. Malheureusement, il mourut, en 1799, avant d'avoir achevé son œuvre qui ne lui survécut pas.

SERURIER, *maréchal de France*. — Le maréchal

---

(1) Chef-lieu des possessions françaises dans l'Inde.

Sérurier (Jean-Mathieu-Philibert) était né à Laon en 1742. Fils d'un petit fonctionnaire, il entra au service militaire dès l'âge de treize ans. Il passa par tous les grades et ne fut nommé major qu'en 1788, après trente-quatre ans de service ; il fut fait colonel en 1792.

Dénoncé comme suspect, il fut rayé des cadres de l'armée. Au lieu de se révolter et d'émigrer, il demanda à servir comme simple soldat ; il avait alors cinquante ans. Cette conduite lui rendit la confiance du gouvernement, qui le réintégra dans son grade et le nomma ensuite général de brigade (1793).

Général de division en 1795, il prit une part active à la campagne d'Italie (1797) ; il battit les Autrichiens à Mondovi et força Mantoue à capituler. Après la signature des préliminaires de Léoben, il fut chargé par Bonaparte de porter au Directoire les drapeaux pris sur l'ennemi. Il fut moins heureux dans les campagnes de 1798 et de 1779, où il servit sous les ordres de Shérer, puis de Moreau ; après une lutte désespérée, il fut battu à Verderio par l'armée russe de Souvaroff.

De retour à Paris, il aida Bonaparte à perpétrer le coup d'État du 18 brumaire. En récompense de sa complicité, il reçut le titre de sénateur et, en 1804, le bâton de maréchal de France. Quoique nommé grand-croix de la Légion d'honneur (1805) (1), comte de l'Empire (1808), généralissime de la garde nationale (1809), il ne prit part, à raison de son âge, à aucune des campagnes de Napoléon.

Gouverneur des Invalides, il fit brûler les drapeaux pris sur l'ennemi pour n'avoir pas à les rendre aux alliés victorieux (1814). Il eut le tort d'adhérer à la déchéance de Napoléon Ier auquel il devait la partie la plus brillante de sa fortune, et d'accepter de Louis XVIII un siège à la Chambre des Pairs. Après le retour de l'île d'Elbe, il se rallia cependant au parti de l'empereur. La seconde restauration s'en vengea en destituant le vieux maréchal de toutes ses fonctions. Il vécut dès lors dans une profonde retraite jusqu'à sa mort (21 décembre 1819).

---

(1) La légion d'honneur, organisée par Napoléon Ier, comprend outre les chevaliers quatre classes de dignitaires : les officiers, les commandeurs, les grands-officiers et les grand-croix.

BERTHÉLEMY, *peintre d'histoire.* — Berthélemy (Jean-Simon), peintre d'histoire, vit le jour à Laon, le 5 mai 1743, et mourut à Paris, le 1ᵉʳ mars 1811. Élève de Noël Halle, il obtint le grand prix de peinture; il fut élu membre de l'Académie en 1780. Il est l'auteur du *Siège de Calais* et de plusieurs tableaux historiques qui sont à Versailles; il fit aussi nombre de plafonds pour les palais du Louvre, du Luxembourg et de Fontainebleau.

CONDORCET, *mathématicien, philosophe et homme politique.* — Jean-Antoine-Nicolas de Caritat, marquis de Condorcet, naquit à Ribemont en 1743. Simple écolier au collège de Navarre, il montrait déjà des dispositions si vives pour les mathématiques que d'Alembert le remarqua. Le jeune homme ne trompa point les espérances qu'avait fait naître le collégien, et à vingt-six ans, déjà célèbre par ses travaux sur le *Calcul infinitésimal*, il était nommé membre de l'Académie des sciences.

En 1770, à la suite d'un voyage à Ferney (1), il se lia avec Voltaire; l'amitié que lui témoigna le grand écrivain, alors au comble de la gloire, fut une bonne fortune pour lui. Sa respectueuse sincérité et l'indépendance de son jugement étonnaient un peu Voltaire, habitué à l'admiration constante et courtisanesque de son entourage, mais jamais il n'en sut mauvais gré à Condorcet.

Ce fut dans ce commerce glorieux que le jeune mathématicien fut pris du désir de se faire une réputation dans les lettres. Il s'essaya dans des *Éloges académiques*, qu'il prononça pour préparer sa candidature au poste de secrétaire perpétuel de l'Académie des sciences (2). En 1782, il entra à l'Académie française, malgré l'hostilité du ministre Maupas qu'il s'était aliéné par l'indépendance de son caractère et qui retarda pendant plusieurs années son élection. Il prononça son discours de réception sur les avantages que la société peut retirer de l'union des sciences exactes et des sciences morales.

Condorcet occupa dès lors une grande place dans le monde savant. Écrivain, philosophe, économiste et ma-

---

(1) Résidence de Voltaire, près de Genève.
(2) Il fut élu secrétaire perpétuel à la mort de Fouchy, le secrétaire d'alors, contre Bailly qui était le candidat de Buffon.

thématicien, il touchait à tout avec un grand sens et une parfaite compétence. Lié avec Turgot, il défendit tous les projets du ministre de Louis XVI, la liberté du commerce des grains, l'abolition des corvées, etc. Il eut à faire l'éloge des plus grands savants du dix-huitième siècle, Euler, Buffon, d'Alembert, Franklin, Linné, Vaucanson, et eut l'honneur d'être choisi comme exécuteur testamentaire par Voltaire, dont il écrivit une *Vie* restée célèbre.

En 1786, à quarante-trois ans, il épousa mademoiselle de Grouchy et devint, par ce mariage, le beau-père de l'illustre médecin Cabanis, chef de l'école matérialiste, et de celui qui fut plus tard le maréchal de Grouchy.

La guerre de l'indépendance américaine tourna ses idées vers la politique : le premier, il réclama l'affranchissement des nègres dans un opuscule intitulé *Réflexions sur l'esclavage des nègres*. Mais il ne devint réellement un homme politique qu'en 1789.

Membre de la municipalité de Paris en 1789, il propagea dans une foule d'écrits des idées véritablement républicaines. Il fut élu député à l'Assemblée Législative (1791). Quoiqu'il ne fût pas orateur, il y occupa cependant une place considérable et en fut nommé président au mois de février 1792. Il rédigea le fameux rapport sur l'organisation de l'instruction publique et, après le 10 août, l'adresse aux Français et à l'Europe, dans laquelle l'Assemblée exposait les motifs de la déposition du roi.

Il ne fut pas réélu à Paris pour la Convention, mais les électeurs de l'Aisne l'envoyèrent siéger dans la nouvelle Assemblée. Ne sachant être ni modéré ni Montagnard, il ne réussit guère qu'à se rendre suspect aussi bien aux Girondins qu'aux Jacobins. En général, il vota cependant avec les premiers, non qu'il fût inféodé à leur parti, mais leur politique relativement modérée convenait mieux à son tempérament que l'esprit de réformes radicales des Montagnards. Dans le procès du roi, il vota pour « la peine la plus grave qui ne soit pas la mort. » Les royalistes comprirent qu'il votait pour les galères à perpétuité et le lui pardonnèrent moins que s'il avait voté la mort.

Quoique membre du comité chargé de préparer la

nouvelle Constitution, il ne fut pas compris parmi les Girondins et ne fut pas arrêté tout d'abord, mais il ne sut pas se résigner à la substitution de la constitution jacobine au projet dont il était auteur, et ne dissimula pas sa colère. Cité à la barre de la Convention, le 8 juillet 1793, il se garda bien de comparaître. Décrété d'accusation, condamné à mort, il fut mis hors la loi et porté sur la liste des émigrés.

Malheureusement pour lui, il n'était pas émigré. Il resta caché dans Paris pendant neuf mois et ce fut durant ce laps de temps qu'il composa, pour charmer les loisirs de sa réclusion, son *Esquisse des progrès de l'esprit humain*. Craignant de compromettre par un plus long séjour ceux qui lui donnaient asile, il s'enfuit, quitta Paris à pied, mais s'égara presque aussitôt. Arrêté à Bourg-la-Reine, il fut reconnu et conduit à la prison de la Conciergerie. Il s'empoisonna dans sa cellule (6 avril 1794).

Esprit encyclopédique, caractère élevé, Condorcet fut l'un des hommes les plus remarquables du dix-huitième siècle. Il compte parmi ceux qui ont remué le plus d'idées généreuses et ont le plus largement contribué à l'émancipation de l'esprit humain. Il n'a laissé aucun ouvrage de longue haleine, mais il a répandu ses idées dans une foule de mémoires, d'articles, d'éloges académiques, de lettres et d'opuscules qui forment encore un important bagage littéraire.

MÉCHAIN, *astronome*. — L'astronome Méchain (Pierre-François-André), naquit à Laon le 16 août 1744 et mourut en Espagne, à Castillon de la Plana, le 20 septembre 1804.

Son père, petit architecte, l'avait élevé pour en faire son successeur dans un état qui ne l'avait guère enrichi lui-même. Désireux de compléter ses études assez médiocres, le jeune Méchain vint à Paris et se présenta à l'École des ponts et chaussées. Il y fut admis, mais son père était hors d'état de l'entretenir; Méchain dut se mettre précepteur pour gagner sa vie. Un jour, le pauvre homme vint à Paris pour un procès qu'il perdit; il fut menacé d'y rester, faute de la modique somme dont il avait besoin pour retourner à Laon. Méchain la lui procura en vendant un instrument astronomique dont on lui avait fait présent. Ce fut Lalande, alors professeur d'astronomie au Collège de France, qui l'acheta, non sans prendre des informations sur ce jeune homme qui semblait montrer tant de goût pour les mathématiques. L'illustre savant s'intéressa à Méchain et le fit nommer astronome hydrographe au dépôt des cartes de la marine.

Dans ce modeste emploi qui le mettait à l'abri de la misère, Méchain se livra avec ardeur aux observations et aux calculs astronomiques. Il s'appliqua surtout à l'étude des comètes et s'adonna avec tant de zèle à ces sortes de recherches qu'en dix-huit années il découvrit onze comètes et en calcula les orbites, ainsi que celles de treize autres comètes déjà connues. Il contribua en outre avec Legendre et Cassini à déterminer la différence en longitude des observatoires de Paris et de Greenwich (1).

Ses travaux, plus encore que son titre de membre de l'Académie des sciences, le désignèrent, en 1791, au choix de l'Assemblée constituante pour calculer la base du système métrique actuel. Il fut chargé de ce soin avec Delambre. Les deux astronomes devaient mesurer l'arc de méridien entre les parallèles de Dunkerque et de à Barcelone. Méchain calcula la partie comprise entre Rodez et Barcelone, mais une incertitude qu'il ne put lever sur l'évaluation du méridien de cette ville, l'empêcha de livrer son travail malgré les plus pressantes sollicitations.

Nommé directeur du Bureau des longitudes (1791), Méchain ne tarda pas à reprendre ses travaux sur le calcul du méridien. Il partit en Espagne pour rechercher et corriger l'erreur qu'il soupçonnait dans son premier résultat. Il mourut pendant ce voyage, rongé par le souci de cette erreur dont on ne connut l'histoire qu'après sa mort; cette révélation expliqua les bizarreries de son existence pendant la dernière période de sa vie.

---

(1) Célèbre observatoire anglais près de Londres. C'est sur le méridien de cette ville que les Anglais comptent les longitudes, comme les Français les comptent sur celui de Paris.

FOUQUIER-TINVILLE, *accusateur public.* — Antoine-Quentin Fouquier, qui ajouta à son nom patronymique celui de Tinville, pour se distinguer de ses trois frères, et qui acquit une si terrible renommée pendant la Révolution, était né à Hérouelles en 1747. Après avoir terminé ses études à Saint-Quentin, il alla se fixer à Paris, où il acheta une charge de procureur au Châtelet, et vécut d'une manière assez obscure jusqu'en 1789.

D'abord simple commissaire du district de Saint-Merri, il fut élu membre de la Commune en 1792. Grâce à l'appui de Camille Desmoulins et de Robespierre, il devint successivement directeur du jury d'accusation, puis substitut de l'accusateur public près le tribunal criminel de la Seine, et enfin, quand on organisa le tribunal révolutionnaire, accusateur public près de cette nouvelle juridiction.

Fouquier-Tinville, dont la légende a fait un monstre, mais qui, dans la vie privée, était un placide et honnête bourgeois, était surtout un esprit étroit, apportant à l'accomplissement d'une haute fonction les idées et le jugement d'un ancien procureur au Châtelet. Plein d'une déférence sans bornes pour les ordres des pouvoirs publics, il s'inclinait toujours devant ceux qu'il recevait. Quoique muni du droit de faire arrêter et de traduire directement tout suspect devant le tribunal révolutionnaire, il n'en usa jamais sans un ordre du Comité de Salut public. Il obéissait et voilà tout. Cette conception de ses fonctions explique l'impassibilité avec laquelle il accomplissait sa sanguinaire besogne. Il se considérait comme un instrument chargé de dresser des actes d'accusation et de faire exécuter les sentences du tribunal, à ce point qu'il n'hésita point à requérir la peine de mort contre ses propres amis, les deux Robespierre, Saint-Just, Lebas et les autres.

Actif et rompu aux affaires, Fouquier-Tinville exerça ses fonctions au tribunal révolutionnaire pendant dix-sept mois. Plus de deux mille accusés, dit-on, passèrent devant lui. Il occupa le siège d'accusateur public dans les procès des Girondins, de Charlotte Corday, de Marie-Antoinette, de madame Elisabeth, de Bailly, de madame Roland, de Camille Desmoulins et de ses amis les Dantonistes, des Hébertistes, de Custines, etc. Décrété d'accusation le 14 thermidor, il alla lui-même se constituer prisonnier.

Il fut envoyé devant le nouveau tribunal révolutionnaire avec les membres de l'ancien. Son procès dura quarante et un jours. Il se défendit énergiquement, faisant justice des accusations de vénalité portées contre lui et se justifiant d'avoir jamais commis aucune erreur de personne dans l'exercice de ses fonctions. Il n'en fut pas moins condamné à mort et exécuté le lendemain (8 mai 1795). Il monta très courageusement à l'échafaud au milieu des huées de la foule.

RONSIN, *auteur dramatique et homme politique.* — Ronsin (Charles-Philippe), né à Soissons en 1752, occupa les loisirs de sa jeunesse en écrivant quelques essais dramatiques qui ne furent jamais représentés. La Révolution l'enthousiasma, mais la part qu'il prit aux affaires publiques, ne l'empêcha point de continuer sa carrière d'auteur dramatique. Il fit jouer plusieurs tragédies dont es meilleures sont *Louis XII, Arétophile* et *la Ligue des fanatiques et des tyrans,* qui eut un succès prodigieux.

De cet écrivain la Révolution fit un soldat. Il fut successivement adjoint au ministre de la guerre Bouchotte, puis général en chef de l'armée révolutionnaire dont la Convention venait d'ordonner la formation; on l'envoya ensuite commander en Vendée, puis au siège de Lyon. Dans tous ces emplois, son énergie, exempte de toute cruauté, le rendit toujours très populaire parmi les soldats.

Vers la fin de 1793, il fut vivement pris à partie par Danton et Camille Desmoulins qui le savaient dévoué aux Hébertistes. Il fut même arrêté sur la dénonciation de Fabre d'Eglantine et retenu en prison pendant deux mois. Furieux, il retourna au club des Cordeliers au milieu des amis d'Hébert et tint le langage le plus violent contre les modérés. Il désignait ainsi Robespierre et Danton. Ceux-ci, se sentant menacés, firent arrêter tous les Hébertistes.

Traduit devant le tribunal révolutionnaire, Ronsin fut accusé d'aspirer à la dictature et de vouloir jouer le rôle de Cromwell. Il fut condamné à mort et exécuté le 24 mai 1794.

Le comte d'**HÉDOUVILLE,** *général de division.* — Le comte d'Hédouville, né à Laon en 1755, était entré au service militaire comme sous-lieutenant. La Révolution ne l'empêcha pas de continuer sa carrière et, en 1793, il fut nommé général de brigade. Malgré sa belle conduite à Kaiserslautern, il n'échappa pas à la loi des suspects et fut arrêté comme tel. Rendu à la liberté après le 9 thermidor, il fut envoyé en Vendée comme chef d'état-major de Hoche.

Le Directoire, qui venait de le nommer général de division, le mit à la tête de l'expédition qu'il organisait pour aller reconquérir l'île de Saint-Domingue, tombée aux mains de Toussaint-Louverture. D'Hédouville partit, mais, en présence de l'insurrection formidable fomentée par le général nègre, il fut obligé de se rembarquer sans pouvoir rien faire pour ressaisir la colonie.

De retour en France, il fut nommé général en chef de l'armée de l'Ouest et acheva la pacification de la Bretagne et de la Vendée. Après le coup d'État du 18 brumaire, le premier consul l'envoya comme ministre plénipotentiaire en Russie. Il y resta jusqu'en 1804. Lorsqu'il revint, il fut fait sénateur, chambellan, comte de l'Empire, puis chef d'état-major du roi Jérôme Bonaparte.

Cette brillante fortune ne l'empêcha pas d'être infidèle à Napoléon vaincu. En 1814, il vota la déchéance et mérita d'être élevé à la pairie par Louis XVIII. Il vécut d'ailleurs assez retiré sous la Restauration et mourut en 1825.

BEFFROY DE REIGNY, *auteur dramatique.* — Cet écrivain, plus connu sous le pseudonyme de *Cousin Jacques*, était originaire de Laon où il reçut le jour en 1757. Il débuta comme professeur au collège de Cambrai, mais il quitta bientôt l'enseignement pour le théâtre. Il devint un auteur à la mode; il écrivit une foule de pièces gaies et malicieuses que les allusions politiques dont elles fourmillent, ont malheureusement fait vieillir. Il faut citer parmi ses meilleures : *Le club des bonnes gens, Nicodème aux Enfers, Nicodème dans la Lune ou la Révolution pacifique* (1791), qui eut plus de quatre cents représentations, etc...

Il publia aussi divers ouvrages dont les plus connus sont le *Précis historique de la prise de la Bastille* (1789) et un *Dictionnaire néologique des hommes et des choses* dont la police arrêta l'impression. Il mourut en 1811.

DESMOUTIERS, *poète et auteur dramatique.* — Desmoutiers (Charles-Albert), né à Villers-Cotteret en 1760, mort en 1801, descendait à la fois de Racine par son père et de La Fontaine par sa mère. Cette illustre origine était insuffisante pour faire de lui un grand poète, mais elle contribua à le lancer dans la littérature.

En 1786 il publia les *Lettres à Émilie sur la mythologie*, ouvrage écrit dans un style gracieux quoique trop apprêté. Le succès réel de ce livre l'encouragea dans la voie du mauvais goût, et il composa plusieurs poèmes qui ne rencontrèrent plus la même faveur que le premier. Cet insuccès persistant ne lui ouvrit pas les yeux sur les défauts de sa poésie, mais l'empêcha de continuer. Il se mit à faire du théâtre et composa des pièces aujourd'hui plus oubliées encore que ses poèmes. Il écrivit ainsi plus de quarante actes de comédie et d'opéra, dont le meilleur ne vaut pas la peine d'être sauvé de l'oubli.

CAMILLE DESMOULINS, *homme politique.* — Camille Desmoulins, l'une des gloires les plus pures de la Révolution française, quitta Guise, son pays natal (1760), tout enfant, pour aller à Paris où il avait obtenu une bourse. Il fit de brillantes études et eut pour camarade de collège Maximilien Robespierre. Il se destina d'abord à la profession d'avocat, mais un léger défaut de prononciation l'éloigna du barreau; il se lança dans le journalisme.

Dès la réunion des États-Généraux, il épousa avec ardeur les idées nouvelles et devint l'un des orateurs les plus assidus du jardin du Palais-Royal, où se réunissait la jeunesse libérale. A la nouvelle du renvoi de Necker (12 juillet 1789), il communiqua avec tant de sincérité l'indignation qui l'animait à tous ceux qui l'écoutaient, qu'à sa voix l'on courut aux armes, l'émeute s'organisa et le surlendemain le peuple se rua sur la Bastille et dé truisit cette vieille forteresse, symbole de l'inégalité, de l'arbitraire et du privilège.

La conduite de Desmoulins en cette affaire l'avait fait connaître; la publication de *la France libre*, pamphlet plein d'idées libérales et patriotiques, augmenta sa notoriété, et Mirabeau le prit comme secrétaire. Il commença dès lors dans son journal, *les Révolutions de France et du Brabant*, une véritable campagne républicaine. Nourri des grands écrivains de l'antiquité, il rêvait d'une république athénienne, très civilisée mais très égalitaire. Il s'éleva vivement contre les conceptions électorales de la Constituante qui exigeait le payement d'une contribution pour être électeur : « Ne voyez-vous pas, s'écriait-il en s'adressant aux députés du clergé, que Jésus-Christ n'eût pas été électeur, » et il ajoutait que « ni Rousseau, ni Mably, ni Corneille, n'eussent été éligibles. »

Ce fut au milieu de cette lutte quotidienne, à la fin de 1790, qu'il épousa la femme qui occupa tant de place dans sa vie, mademoiselle Louise Duplessis-Laridon, connue sous le nom de Lucile. Desmoulins l'avait rencontrée tout enfant et avait attendu pour l'épouser qu'elle fût en âge d'être mariée. Les témoins de son mariage furent Robespierre et Brissot, qui devinrent plus tard ses plus farouches adversaires.

Il se fâcha avec Brissot à l'occasion des motions belliqueuses que ce dernier lançait au club des Jacobins. De concert avec Robespierre, Desmoulins s'opposa à leur adoption. Brissot, irrité, l'attaqua violemment dans son journal; Camille répondit par la publication du célèbre pamphlet *Brissot dévoilé*, qui eut pour le parti des Girondins de si funestes conséquences. Après leur condamnation, le malheureux écrivain déplora amèrement cette violence, mais ces regrets ne l'empêchèrent point de contribuer de la même manière à la perte des Hébertistes.

Membre du club des Cordeliers, il avait préparé avec Danton l'insurrection du 10 août et, lors des élections à la Convention, il fut élu député de Paris. Il siégea à la Montagne et vota la mort du roi sans appel. Après la chute des Girondins, il fut de ceux qui voulurent enrayer le mouvement, en entravant les ambitions de

Robespierre d'une part, et d'autre part, en s'opposant aux violences des ultras, de ceux qu'on a désignés plus tard sous la dénomination un peu inexacte d'*Hébertistes*. Il commença la publication du journal le *Vieux Cordelier*, qui devait servir d'organe au parti dont Danton était le chef.

Encouragé par Robespierre, Desmoulins attaqua d'abord avec une violence extrême les Hébertistes : Anacharsis Clootz, Chaumette, Hébert, etc... Cette campagne ne réussit que trop et l'on sait comment ceux-ci furent décrétés d'accusation, condamnés et exécutés. Débarrassé de ces adversaires dangereux, Robespierre se tourna contre ses alliés de la veille et les Dantonistes furent menacés à leur tour.

Desmoulins donna lui-même des armes à Robespierre, en commençant précisément à ce moment, dans le *Vieux Cordelier*, une campagne de réaction. Il demanda l'abrogation de la loi des suspects, la mise en liberté des détenus, l'institution d'un comité de clémence, etc. Robespierre exploita habilement ce modérantisme subit et assez inexplicable au lendemain de la mort des Girondins et des Hébertistes; le parti Dantoniste fut flétri du nom de *faction des indulgents*, et bientôt ses membres furent soupçonnés, puis accusés de contre-révolution.

Camille Desmoulins fut arrêté en même temps que Danton et ses amis (31 mars 1794). Ils comparurent devant le tribunal révolutionnaire deux jours après. On ne voulut pas entendre leur défense, et ces hommes, qui avaient été les premiers républicains et les fondateurs de la République, furent accusés d'avoir conspiré pour la renverser et restaurer la monarchie. Ils furent condamnés à mort et exécutés le lendemain (3 avril 1794). Desmoulins avait trente-trois ans.

Sa femme Lucile qui, pour le sauver, avait tenté de corrompre un geôlier de la prison du Luxembourg, fut arrêtée, accusée de conspiration et condamnée à mort. Elle fut envoyée à l'échafaud dix jours après son mari, en même temps que la femme d'Hébert.

QUINETTE, *homme politique.* — Quinette (Nicolas-Marie) était notaire à Soissons, sa ville natale (1762), quand éclata la Révolution. Partisan ardent des idées nouvelles, il fit d'abord partie des administrateurs du département, puis fut élu député à l'Assemblée Législative.

Réélu à la Convention, il refusa de voter l'abolition de la royauté, voulant remettre au peuple le soin de trancher la question. Il n'en vota pas moins la mort du roi. Nommé membre du Comité de Salut public, il fut désigné par la Convention pour aller arrêter Dumouriez. On sait comment le vieux général accueillit les commissaires de la Convention. Il les arrêta et les livra aux Autrichiens.

Après trois ans de captivité, en 1795, Quinette fut échangé contre la duchesse d'Angoulême. Il fut élu membre du conseil des Cinq-Cents (1796) et en devint secrétaire, puis président. En 1799, il fut même choisi comme ministre de l'Intérieur.

La seconde partie de son histoire lui fait moins d'honneur que la première. Ce républicain, loin de protester contre le coup d'État du 18 brumaire, se rallia au premier consul et accepta la préfecture de la Somme. En récompense de sa constante courtisanerie, il fut fait baron de Rochemont, puis nommé conseiller d'État et directeur général de la comptabilité.

En 1814, donnant un nouvel exemple de son défaut de sincérité politique, il adhéra à la déchéance de Napoléon, qui, à son retour de l'île d'Elbe, ne le nomma pas moins sénateur. Après la seconde abdication de l'empereur il consentit à faire partie du gouvernement provisoire présidé par Fouché. Ses palinodies ne l'empêchèrent point d'être atteint, sous la Restauration, par la loi des régicides. Il dut se retirer à Bruxelles où il mourut subitement, en 1821.

G. BABOEUF, *écrivain socialiste.* — Babœuf (François-Noël, dit Gracchus), était né à Saint-Quentin en 1764. Simple géomètre avant la Révolution, il ne se révéla comme écrivain politique qu'en 1790. Il occupa diverses fonctions administratives, mais ne devint un chef d'école socialiste qu'après le 9 thermidor.

Il fonda un journal, *le Tribun du peuple*, dans lequel il signait Caïus Gracchus. Il développa dans cette feuille ses principes socialistes : c'était un communisme un peu naïf; il faisait de l'égalité la condition du bonheur général et arrivait à l'égalité par la socialisation de la propriété et la communauté des biens.

Ces idées furent adoptées par le club du Panthéon qui fit en leur faveur une propagande active. Nombre de conventionnels et de Jacobins, qui voyaient dans ce mouvement un moyen de lutte contre la réaction thermidorienne, s'y rallièrent. Ils organisèrent une vaste conspiration dont le but était de renverser le Directoire et de rétablir la constitution de 1793, sauf à introduire ensuite les réformes communalistes.

Un traître fit échouer le complot. Babœuf et ses amis furent arrêtés (mai 1796) et renvoyés devant une haute cour de justice réunie à Vendôme. Après une instruction et un procès qui durèrent près d'un an, Babœuf et son ami Darthé furent condamnés à mort, leurs coaccusés à la déportation. Les condamnés se poignardèrent en entendant l'arrêt et furent portés mourants sur l'échafaud (27 mai 1797).

LUCE DE LANCIVAL, *poète et auteur dramatique.* — Luce de Lancival, né à Saint-Gobain en 1764, débuta dans la carrière des lettres par une pièce de vers sur la mort de Marie-Thérèse qui lui valut une lettre de compliments du grand Frédéric. Encouragé par ce succès, il écrivit d'abord de nombreux petits poèmes. Il se décida pourtant à prendre une carrière plus certaine que celle de poète et se fit professeur. Sur les conseils de M. de Noë, évêque de Lescar, il entra même dans les ordres et fut nommé grand vicaire de son protecteur. Mais dès que la Révolution éclata, Luce de Lancival en profita pour jeter le froc aux orties et se mit à faire du théâtre.

Découragé par l'échec mémorable de ses premières tragédies, *Mucius Scævola*, *Hormidas*, etc., il rentra dans l'enseignement et occupa la chaire de rhétorique au collège Louis-le-Grand, jusqu'au jour où il fut chargé du cours de poésie latine à la Sorbonne.

Ses fonctions ne l'empêchèrent point de produire de nouvelles œuvres poétiques et dramatiques. Il fit représenter *Périandre* sans beaucoup d'éclat, mais sa tragédie

Hector (1809) obtint un grand succès, grâce aux allusions flatteuses qu'elle renfermait à l'adresse de l'empereur. « C'est une pièce de quartier-général, » disait Napoléon. Elle n'en valut pas moins à son auteur une pension de 6,000 francs et la croix de la Légion d'honneur. En revanche elle lui attira les observations plus qu'acerbes du fameux critique Geoffroy. Luce de Lancival s'en vengea par une violente et injurieuse satire, *Folliculus*.

Il eut plus de succès comme poète léger que comme auteur dramatique. L'*Ode sur la mort de M. de Noë*, le *Hameau fortuné*, l'*Automne*, etc., sont des poésies assez remarquables; néanmoins, malgré la vivacité de son esprit et la richesse de son imagination, il ne fut jamais qu'un poète secondaire. Il mourut en 1811, après une cruelle maladie.

Le baron **PÉCHEUX**, *général de division*. — Né à Bucilly en 1769, Pécheux entra au service militaire en 1792, comme capitaine des volontaires de l'Aisne. Il passa bientôt à l'armée d'Italie, où nous le trouvons chef de brigade en 1799. Il était colonel à Austerlitz. Il fit toute la campagne de Prusse, puis fut envoyé en Espagne où il contribua aux victoires de Medellin et d'Ocana (1809). En récompense de sa conduite, Napoléon le créa comte de Burgos et le nomma général de brigade.

Pécheux fit partie de la grande armée et servit sous les ordres de Davoust. Surpris par les Prussiens, il se jeta dans Magdebourg et défendit héroïquement la place. Il fut nommé général de division (1813).

Mis en non activité en 1815, il ne fut rappelé à un commandement qu'en 1823, lors de l'expédition d'Espagne. Mais, après la campagne, il regagna sa retraite et mourut en 1831.

CAULAINCOURT, *général et diplomate.* — Armand-Augustin-Louis, marquis de Caulaincourt, né à Caulaincourt (arrondissement de Saint-Quentin), en 1772, appartenait à une famille de l'ancienne noblesse. Il entra dans l'armée à la veille de la Révolution et servit comme officier d'ordonnance du lieutenant-général son père, puis du général Aubert du Bayet, ambassadeur à

Constantinople. Sa fortune commença sous le Consulat. Le premier consul, qui avait pu apprécier son mérite, l'envoya comme chargé d'affaires à Saint-Pétersbourg (1801). A son retour, il fut promu au grade de général de brigade, et Bonaparte le choisit comme aide-de-camp.

Nommé successivement général de division, grand écuyer de l'Empereur, duc de Vicence, il retourna comme ambassadeur en Russie (1807) et y resta jusqu'en 1811. Bien que froidement accueilli par l'aristocratie russe, qui lui imputait une part de responsabilité dans l'enlèvement du duc d'Enghien, il sut se concilier les bonnes grâces de l'empereur Alexandre.

Il n'eut malheureusement pas assez d'influence pour empêcher la campagne de Russie. Après la déclaration de guerre, il revint près de Napoléon et ne le quitta plus pendant la durée de la campagne. Il occupa dès lors le premier rang dans la diplomatie impériale et fut nommé vers cette époque sénateur, puis ministre des Affaires étrangères.

Il représenta la France au Congrès de Châtillon et négocia avec chaleur, mais sans succès, en faveur de Napoléon. Fidèle à son prince dans la mauvaise comme dans la bonne fortune, il ne se rendit coupable d'aucune faiblesse envers Louis XVIII. Pendant les Cent-Jours, il reprit son portefeuille des Affaires étrangères.

Après 1815, tout entier au culte de Napoléon, il quitta la vie publique et vécut dans la retraite en but aux calomnies et aux injures des royalistes lui reprochant d'avoir été la cause de la mort du duc d'Enghien. Caulaincourt s'en défendit toujours et protesta, jusque dans son testament, qu'il n'avait été pour rien dans cette affaire. Il mourut en 1829.

Le duc de Vicence était le frère aîné du général de division **GABRIEL DE CAULAINCOURT**, né, comme lui, à Caulaincourt (1777). Parti en 1792, il parcourut tous les grades de la hiérarchie et prit part à toutes les campagnes de la Révolution et de l'Empire. Il fut tué à la bataille de la Moskowa (1812).

PAILLET, *avocat.* — Paillet, célèbre avocat contemporain, était fils d'un notaire de Soissons, ville où il vint au monde en 1795. S'étant fixé à Paris, en 1826, il commença sa réputation en défendant devant la cour d'assises l'assassin Papavoine. Il occupa bientôt l'une des premières places du barreau de Paris. Chaleureux et incisif tout ensemble, il plaida entre autres causes célèbres, la fameuse affaire de madame Lafarge, accusée d'avoir empoisonné son mari. Il la défendit avec ses jeunes confrères Rouher et Lachaud.

Membre du conseil de l'ordre, puis avocat de la maison du roi, Paillet fut élu député par la circonscription de Château-Tierry (1846). Il eut peu de succès à la tribune, mais, fidèle serviteur de la monarchie de Juillet, il soutint par tous ses votes le ministère Guizot. La révolution de 1848 le rendit à la vie privée, mais, en 1849, les électeurs de l'Aisne l'envoyèrent à l'Assemblée Législative. Il siégea dans les rangs de la majorité réactionnaire, mais sans prendre part à l'action politique.

Après le coup d'État du 2 Décembre, il revint définitivement au barreau. Il mourut subitement en 1855, au milieu d'une audience. En 1863, sa ville natale lui éleva une statue.

ALEXANDRE DUMAS, *auteur dramatique et romancier.* — Alexandre Dumas, dont le nom jouit d'une si glorieuse et si saine popularité, fut l'écrivain le plus fécond du dix-neuvième siècle. Doué d'une incroyable richesse d'imagination, d'une surprenante habileté à mettre en scène les personnages et les faits, d'une verve étourdissante et d'une facilité de style très rare, il sema dans tous ses récits et tous ses drames un intérêt et un mouvement qui ont charmé et charmeront encore des générations de lecteurs.

Ce merveilleux conteur était né à Villers-Cotteret, en 1803. Il était fils du général Davy-Dumas. Élevé par sa mère, restée veuve en 1806, il reçut dans sa ville natale une assez mauvaise instruction. Venu à Paris pour y chercher fortune, il trouva à grand'peine une place d'expéditionnaire dans les bureaux du duc d'Orléans. Utilisant les loisirs de son emploi, il polença les richesses naturelles de son esprit et tenta quelques modestes essais littéraires et dramatiques. Ne résistant pas à l'entrainement des ardeurs romantiques (1), il put faire jouer à la Comédie-Française un drame, *Henri III et sa cour*, qui fut considéré comme une manifestation de la nouvelle école. Le succès fut considérable, on acclama l'auteur et l'on hua Racine. Dumas devint aussitôt une notoriété littéraire, et le duc d'Orléans, qui devait être quelques mois plus tard Louis-Philippe, l'honora désormais d'une bienveillance particulière. Elle ne se démentit pas après la révolution de Juillet et Dumas devint l'ami de la famille royale; il accompagna même le duc de Montpensier en Espagne, comme historiographe de son mariage, et reçut maints témoignages de la faveur du roi. Grâce à cet appui, il put, en 1847, fonder le *Théâtre historique* pour jouer son propre répertoire, mais la révolution de 1848 ruina cette entreprise.

Il essaya de se lancer dans la politique; il fonda deux journaux, *la Liberté* et *le Mois*, qui ne réussirent pas; il se présenta aux élections pour l'Assemblée nationale, il échoua. Dégoûté de la politique, il y renonça et mena jusqu'à sa mort une vie légèrement décousue, tout à la fois très occupée par ses travaux littéraires et très agitée par des incidents extraordinaires. C'est ainsi qu'en 1860, il s'associa à l'expédition de Garibaldi (2) et s'en fit l'historien.

Il mourut au mois de décembre 1870, au Puits (3), chez son fils. Ses derniers jours furent attristés par les malheurs qui fondaient sur la patrie. Ses cendres furent ramenées à Villers-Cotterets où ses compatriotes et ses amis lui ont élevé une statue. Il laissait la réputation d'un homme d'un grand mérite, d'une bonté sans limites et d'une inépuisable générosité.

La liste de ses œuvres, drames ou romans, serait trop longue à citer. Ses principales pièces, celles du moins qui eurent le plus de succès, furent : *Antony* (1831),

---

(1) On désignait sous le nom d'école romantique l'ensemble des écrivains qui voulaient renouveler les procédés littéraires des auteurs classiques. Le chef de cette école était Victor Hugo.

(2) Illustre citoyen italien, qui contribua à fonder l'unité de sa patrie en s'emparant avec une poignée d'hommes, de la Sicile et du royaume de Naples, qui furent réunis aux États déjà sous la domination du roi Victor-Emmanuel.

(3) Près de Dieppe, dans la Seine-Inférieure.

Charles VII chez ses grands vassaux (1831), *Kean* (1836), *Mademoiselle de Belle-Isle* (1830), *Un mariage sous Louis XV* (1841), *les Demoiselles de Saint-Cyr* (1843), *la Tour de Nesles* (1832), etc., et les grands drames qu'il tira de ses plus célèbres romans : *les Mousquetaires* (1841), *la Reine Margot* (1847) *la Dame de Monsoreau* (1860), *le Chevalier de Maison-Rouge* (1847) (1), *Monte-Christo* (1849), etc... Son œuvre comme romancier ne fut pas moins considérable; outre les romans dont nous venons de rappeler les titres et qu'il mit à la scène, il est encore l'auteur de plus de cent ouvrages de même nature, comme *le Chevalier d'Harmenthal, Ascanio, Une fille du Régent, les Quarante-Cinq, le Collier de la Reine, la Comtesse de Charny, les Louves de Machecoul*, etc... On comprend qu'en dépit de sa prodigieuse activité, Alexandre Dumas n'ait point suffi à une œuvre aussi considérable; il eut en effet de nombreux collaborateurs, dont les plus connus furent Anicet-Bourgeois, Auguste Maquet, Gaillardet, Souvestre, etc. Mais sa part dans l'œuvre commune fut toujours assez grande pour donner à l'ensemble de ses ouvrages un très vif caractère d'unité et de personnalité.

HENRI MARTIN, *historien.* — Henri Martin, le grand historien national, naquit à Saint-Quentin, le 10 février 1810. Son père, qui était magistrat, voulait faire de lui un notaire, mais le jeune homme, tout en étudiant le droit, s'essaya comme homme de lettres : il écrivit quelques romans et des poésies.

Il cherchait encore sa voie, quand il conçut avec l'un de ses amis, Paul Lacroix, (2) le plan d'une histoire de France d'après les chroniqueurs et les historiens anciens. Lacroix abandonna l'idée, mais Henri Martin l'élargit. Il réunit une foule de matériaux et de documents, se mit à l'œuvre et écrivit son histoire de France, véritable monument d'érudition, de savoir et de patriotisme.

---

(1) C'est dans cette pièce que se trouve le fameux chœur de Girondins : *Mourir pour la patrie....*
(2) Érudit connu sous le pseudonyme de *Bibliophile Jacob*.

Très occupé de ses travaux historiques, Henri Martin n'était apparu sur la scène politique qu'en 1848. Connaissant son républicanisme, le ministre Carnot l'avait chargé du cours d'histoire moderne à la Sorbonne, mais la réaction triomphante ne lui permit pas de garder ce poste.

Il ne rentra dans les affaires publiques qu'après la chute de l'Empire. Élu député à l'Assemblée nationale par la Seine et par l'Aisne, il opta pour ce dernier département. Nommé membre du conseil général à Saint-Quentin, en 1871, il devint vice-président, puis président de cette assemblée.

A l'Assemblée nationale, il avait soutenu de toute son autorité les légitimes revendications du parti républicain et défendu jusqu'au bout la politique de M. Thiers, dont il était l'ami personnel. Aussi, en 1876, lorsqu'il fallut constituer le nouveau Sénat, les républicains le choisirent-ils pour les représenter en même temps que MM. de Saint-Vallier et Waddington. Jusqu'à sa mort, il continua à défendre au Sénat la politique républicaine qu'il avait soutenue à l'Assemblée de Versailles.

Ses fonctions politiques ne l'empêchèrent point de continuer son œuvre d'historien. Il la termina en publiant un second ouvrage, l'*Histoire de France depuis 1789 jusqu'à 1875*. Déjà membre de l'Académie des Sciences morales et politiques depuis 1871 (1), il devint membre de l'Académie française en 1876.

Il mourut en 1884. Les républicains ont honoré la mémoire de ce grand citoyen en lui élevant une statue à Saint-Quentin.

CARRIER-BELLEUSE, *sculpteur*. — Cet artiste, né à Anizy-le-Château en 1824, était élève du grand statuaire David d'Angers. Il débuta au salon de 1850 et se fit tout de suite remarquer par la grâce de ses modèles et la sûreté de son exécution. Chaque année, il présenta quelque œuvre nouvelle à l'exposition du Palais de l'In-

---

(1) Cette académie est une des cinq sections de l'Institut de France. Les quatre autres sont l'Académie française, l'Académie des inscriptions et belles-lettres, l'Académie des sciences et l'Académie des Beaux-Arts.

dustrie et obtint successivement toutes les récompenses. Il produisit un grand nombre de bustes, de statues et de motifs décoratifs, dont plusieurs sont au Musée du Luxembourg. Il mourut en 1886.

Ses œuvres les plus remarquables sont une *Bacchante* exposée en 1863, le monument de Masséna pour la ville de Nice et sa *Psyché abandonnée*.

Le comte de **SAINT-VALLIER,** *diplomate*. — M. de Saint-Vallier, né à Coucy-lès-Eppes, en 1833, d'une famille de noblesse ancienne, fit toute sa carrière dans la diplomatie. Après avoir été successivement attaché aux légations de Lisbonne et de Munich et à l'ambassade de Vienne, secrétaire d'ambassade à Constantinople (1853), et avoir occupé divers postes au ministère des Affaires étrangères, il fut nommé ministre plénipotentiaire à Stuttgard (1867). Très au courant des choses d'Allemagne, avec une clairvoyance admirable, il révéla au ministre, M. de Grammont, les dangers d'une guerre avec la Prusse et les États du Sud. Ses avertissements ne furent pas écoutés et l'on sait ce qu'il advint.

Après la guerre, M. Thiers envoya M. de Saint-Vallier, comme commissaire extraordinaire du gouvernement français, au quartier-général de M. de Manteuffel, général en chef de l'armée d'occupation. Dans ce poste difficile, M. de Saint-Vallier rendit de réels services au pays. Il négocia l'évacuation anticipée du territoire et fit preuve, dans ces épineuses négociations, de beaucoup de tact et d'une grande habileté.

Aux élections sénatoriales de 1876, il fut élu sénateur sur la même liste que Henri Martin. Il siégea au Centre-Gauche et, pendant la tentative du 16 mai, il se montra nettement hostile au gouvernement du maréchal de Mac-Mahon; il refusa de voter la dissolution de la Chambre des députés et appuya les candidats républicains à la députation.

A l'avènement du cabinet présidé par M. Dufaure, il fut nommé ambassadeur à Berlin (1878). Il garda ce poste jusqu'en 1882. De retour en France, il s'occupa très activement des questions agricoles et des moyens de combattre la crise qui sévissait sur l'agriculture. Réélu sénateur en 1885, il mourut au mois de mars 1886.

TABLE ALPHABÉTIQUE

DES PERSONNAGES REMARQUABLES DE L'AISNE

Anselme de Laon	33	La Fontaine	48
Babœuf	70	Lahire	36
Beffroy de Reigny	66	Lecat	56
Bertaut	40	Le Givre	48
Berthélemy	60	Lenain (Les frères)	42
Blondel	47	Lorraine (Charles de)	41
Bourbon (Antoine de)	39	Lothaire	32
Bourbon (Charles de)	42	Louis IV	32
Bourbon (Louis de)	39	Louis V	33
Caribert	28	Luc d'Achéry	47
Carrier-Belleuse	79	Luce de Lancival	71
Caulaincourt (Armand de)	74	Marquette	46
Caulaincourt (Gabriel de)	75	Martin (Henri)	77
César (duc de Vendôme)	43	Méchain	62
Charlevoix	56	Ouen (Saint)	31
Chilpéric Ier	28	Paillet	75
Clotaire II	29	Pécheux	72
Condorcet	60	Pigneau de Béhaine	58
Delahaie	52	Puységur (de)	46
Desmoulins (Camille)	67	Quentin-Latour	57
Desmoutiers	67	Quinette	69
Dumas	75	Racine	52
Ebroïn	30	Radbert	31
Enguerrand III	34	Ramus	37
Enguerrand VIII	35	Remy (Saint)	27
Flavigny (de)	45	Ronsin	65
Fouquier-Tinville	61	Saint-Valliez (de)	79
Frédégonde	28	Sérurier	58
Gouge de Cessières	29	Talon (Omer)	44
Hédouville (d')	66	Thomas de Marle	33
Hennuyer	36		

ÉMILE COLIN. — Imprimerie de Lagny.

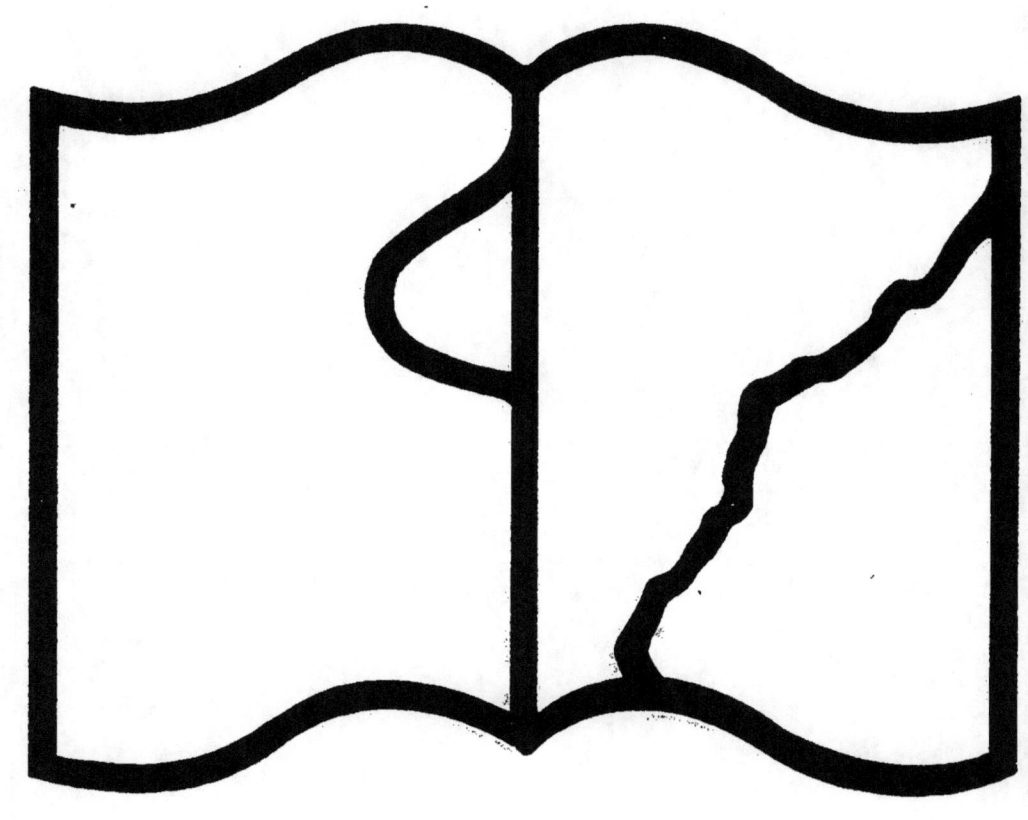

Texte détérioré — reliure défectueuse
NF Z 43-120-11

www.ingramcontent.com/pod-product-compliance
Lightning Source LLC
LaVergne TN
LVHW020956090426
835512LV00009B/1934